JN234361

日本語文法

岩淵 匡 編著
TADASU IWABUCHI

各章の執筆者

第1章　岩淵　　匡
第2章　松木　正恵
第3章　森野　　崇　　守屋　三千代
第4章　森野　　崇　　守屋　三千代
第5章　松木　正恵　　森野　　崇
第6章　蒲谷　　宏　　森野　　崇
第7章　蒲谷　　宏　　森野　　崇
第8章　蒲谷　　宏　　森野　　崇
第9章　松木　正恵　　森野　　崇
第10章　森野　　崇

(五十音順)

はしがき

　本書は，大学や短期大学で学ぶ人々，日本語に関心を持つ一般の人々のために，日本語の文法について体系的な面からその基本的な性質について概説したものである。しかし，知識を与えることよりも，文法的な考え方を学ばせることを目指した。

　本書は，多くの文法概説書に見られるような，現代語だけとか古典語についてのみとかという扱い方ではなく，両者の関係を理解できるよう，現代語と古典語との両面から日本語全般の文法的性質を説明することに心がけた。このため古典語について十分に留意しながら，現代語・古典語にわたってできるだけ一貫した方法により記述した。現代語の成り立ちや現代語の文法をより深く理解するためには，古典語のそれについての理解が必要であるからである。

　また，品詞論ではなく統語論（構文論）としての文法を扱った。高等学校までに学んできた文法とのギャップをできるだけ少なくしながら現代における日本語文法についての考え方に触れ，トピックス的な扱いを避けながら，文法の体系と，広く行われている考え方を示すよう極力努めた。

　執筆は，別記の5名の者が分担してそれぞれの章を担当したが，その内容の大綱については全員の話し合いにより決定した。繁簡要を得ないところも多々あり，全体のバランスは必ずしも整っていないが，一つのまとまりを持ったものにはなっていよう。

　本書をなすにあたっては，先学の学恩に負うところが多い。一々お名前を記していないが，深く感謝の意を表するところである。なお，執筆に際しては，早稲田大学教授桑山俊彦氏のご助言を得た。また，佐伯久氏にはひとかたならぬお世話になった。ここに記して謝意を表する次第である。

　　2000年1月

編　者

目次

はしがき ——— 3

第1章 序説
文法と文法論（11）　文法研究の単位（13）　文節論による文の構造（14）　文節論の持つ問題点（15）　文の構成要素（19）

第2章 文の構造と種類
第1節 入子型構造 ——— 21
入子型構造の有効性（21）　連用修飾と格（23）　入子型構造の問題点（25）

第2節 述語句の構造 ——— 26
述語文の種類（26）　助動詞・終助詞の相互承接（29）　接尾辞と助動詞相当語（30）　述語句の意味的構造（32）

第3節 文の階層的構造 ——— 34
直線的単文モデル（34）　段階的・重層的な文構造（34）　述語句の階層構造と文構造（36）

第4節 文の種類 ——— 39
独立語文（39）　複文の種類と階層構造（40）

第3章 格
第1節 現代語の格 ——— 45
格と意味役割（45）　述語の格支配（50）　日本語教育における格支配の応用（51）　動詞以外の語との格関係（52）　格助詞の不在（52）　格を考える上での留意点（53）

第2節 古典語の格 ——— 56
格と意味役割（56）　格助詞「に」と「へ」（58）　格助詞「の」と「が」（59）　格助詞の不介在（63）

第4章　連用修飾

第1節　現代語の連用修飾 ─────────────── 66
　　　連用修飾とは何か（66）　　連用修飾をする品詞（68）
　　　連用修飾の基本的な型（68）　　連用修飾語とモダリティ
　　　形式を伴う被修飾語（69）　　呼応からみた文の階層構
　　　造と連用修飾（71）　　従属節による連用修飾（71）
　　　様態や結果を表現する連用修飾（72）　　連用修飾と連
　　　体修飾（73）

第2節　古典語の連用修飾 ─────────────── 75
　　　副詞（＋助詞）による連用修飾（75）　　用言の連用形
　　　による連用修飾（76）　　従属節による連用修飾（78）

第5章　連体修飾

第1節　現代語の連体修飾 ─────────────── 80
　　　いろいろな連体修飾（80）　　連体修飾と連用修飾（81）
　　　連体修飾語から連体修飾節へ（83）　　連体修飾節の種
　　　類（84）　　内の関係の連体修飾節（85）　　外の関係の
　　　連体修飾節（88）　　名詞節（92）

第2節　古典語の連体修飾 ─────────────── 93
　　　いろいろな連体修飾（93）　　連体修飾節（95）　　準体
　　　節（97）

第6章　活用

第1節　現代語の活用 ───────────────── 101
　　　「活用」の規定（101）　　現代語の動詞活用表（101）
　　　「語幹」と「活用語尾」（102）　　連用形(1)──マス形
　　　（104）　　連用形(2)──音便形・テ形（105）

第2節　古典語の活用 ───────────────── 107
　　　古典語の動詞活用表（107）　　已然形と仮定形（109）
　　　二つの活用表の比較（110）　　連体形終止法の一般化
　　　（114）　　二段活用の一段化（116）　　ナ行変格活用の

消滅（116）　形容詞の活用（117）　形容動詞の活用（120）

第7章　ヴォイス
第1節　現代語のヴォイス ─────────────── 121
「ヴォイス」（「態」）の基本的な規定（121）　受動態（122）　使役態（124）　可能態（126）　授受表現（127）　「ら抜き言葉」について（129）

第2節　古典語のヴォイス ─────────────── 132
古典語のヴォイス概観（132）　受動態（133）　使役態（137）　可能態（139）　自発態（141）

第8章　テンス・アスペクト
第1節　現代語のテンス・アスペクト ─────────── 143
テンスとアスペクトの規定（143）　ル形の基本的な性質（144）　タ形の基本的な性質（145）　テイル形の基本的な性質（145）　ル形・タ形・テイル形の相互関係（149）　その他のテンス・アスペクト形式（150）

第2節　古典語のテンス・アスペクト ─────────── 151
古典語のテンス・アスペクトに関わる諸形式（151）　「つ」と「ぬ」（151）　「たり」と「り」（154）　「き」と「けり」（157）　過去・完了の助動詞のその後（160）

第9章　モダリティ
第1節　現代語のモダリティ ─────────────── 161
モダリティのとらえ方（161）　表現の主観性と客観性（164）　モダリティの三条件──表現主体・心的態度・発話時点（166）　文末のモダリティ表現の種類とモダリティらしさ（168）　類義表現の比較──いわゆる推定の助動詞「ようだ」と「らしい」（171）

第2節　古典語のモダリティ ———————————————— 174
　　　　古典語のモダリティ概観（174）　　いわゆる「推量」
　　　　「推定」の助動詞の整理（176）　　「む」の検討（178）
　　　　「終止なり」と「めり」（181）　　「べし」の検討（182）
　　　　「む」「終止なり」「べし」などのその後（184）

第10章　「は」・主題・とりたて
第1節　現代語の「は」・主題・とりたて ———————————— 186
　　　　主題と「は」（186）　　「は」の対比用法（188）　　とり
　　　　たてを行う助詞（190）　　「は」の係助詞性（192）
　　　　情報伝達と「は」（194）
第2節　古典語の「は」・主題・とりたて ———————————— 199
　　　　古典語の「は」及び「が」（199）　　「は」の機能（200）
　　　　副助詞と係助詞（202）　　「なむ」のとりたて（206）
　　　　情報伝達と「は」「ぞ」「なむ」「こそ」（207）

　　　参考文献 ——— 211
　　　索引 ——— 215

日本語文法

第1章　序説

1. 文法と文法論

　文法は，人間が同じ社会集団内において言語活動を営む上に自然発生的に生じてきた社会慣習である。したがって個々人がこれを勝手に変えてしまうことはできない。このため無意識的，無自覚的なものにもなる。この文法は洗練され，また社会集団相互の交流が活発になると広範囲の地域間に共通する社会慣習となっていく。こうして日本語民族には日本語文法が，英語民族には英語文法が形成されていく。ここで言う「文法」というのは社会慣習として成立している文法事実を指すのである。

　この文法を目でとらえることのできるようにしたものが，いわゆる「文法」である。この「文法」には，文法事実そのものを指す場合のほか，一定の基準により整理され体系化されたものを指すこともある。後者のこの整理の仕方，体系化の仕方は単一の方法により画一的に行われるものではなく，整理体系化する者がそれぞれにその方法や基準を考えて行ったものである。このために「文法」にはいろいろな考え方が見られることになる。この一つ一つを文法論と呼ぶ。この文法論を記したもの，あるいは文法を記述した文法書を「文典」と言うことがある。

　日本において，明治以来代表的な文法論を組み立てた人として大槻文彦，山田孝雄，松下大三郎，橋本進吉，時枝誠記などがおり，今日それぞれの文法論を大槻文法，山田文法，松下文法，橋本文法，時枝文法などと称している。大槻文法は江戸時代以来の伝統的な文法とラテン語文法とを折衷したもの（『廣日本文典』『同別記』『口語法』『同別記』）であり，山田文法は西欧の心理学，論理学等の助けを借り意味の面から作りあげた文法で今日の文法研究に大きな影響を及ぼしている（『日本文法論』『日本文法學概論』『日本口語法講義』など）。松下文法は汎用文法を目指したもので伝統的文法とも大槻文法のようなラテン語文法との折衷的なものとも異なり独特の文法体系を展開する（『改撰標準日本文法』）。今日変形生成文法との類似性なども指

摘され脚光を浴びるようになった。橋本文法は音声面での特徴から整理した形態的文法で，文節論による文法論を展開している。この文法論に準拠した文法が，戦後，中学校や高等学校で広く普及した（『新文典』『同別記』『國語法要説』『國文法體系論』『中等文法』など）。時枝文法は古来からの伝統的な文法に立脚し，働き（職能）の面から組み立てたもの（『日本文法　文語篇』『日本文法　口語篇』など）である。それぞれに特徴があるが，日本の文法論はいずれも形態，意味，職能の三つによっており，いずれに重点を置くかが最も大きな違いなのである。

　1970年代頃からはアメリカのチョムスキーによって提唱された汎用文法，transformational-generative grammar（または，transformational grammar, generative grammar）すなわち「変形生成文法」（または「変形文法」「生成文法」）が広く見られるようになり，今日ではこの文法理論から派生してきた文法の考え方（奥津敬一郎，井上和子ら）に山田文法，時枝文法などに見られる意味・職能面からの文法が混合したような形で文法研究が行われる傾向が非常に強く，ことばの使い方や文法事実そのもの，語単位の文法法則などの語法研究とでも言えるものが非常に多くなってきている。さらには近年になってコンピュータのための文法も一部の人々の間で活発に研究されている。

　なお，初等教育や中等教育で行われる文法を「学校文法」（または「教科書文法」）と言うが特定の文法理論を指すことばではない。これに対してことばの規範を示すための文法理論を「規範文法」と言い，学校文法に見られることが多い。ことばの実態をあるがままに記述することを目的とした史的研究に見られる文法研究は主として「記述文法」である。

　このほか表現のための文法を「表現文法」，理解のための文法を「解釈文法」などと呼んだことがあるが，こうした文法は実用のためのものであるので「実用文法」と言うこともある。日本の伝統的文法は，古典の解読や古典語で表現する作歌に役立つことを目指してきたものであって実用文法に端を発している。

2．文法研究の単位

　言語活動の結果は，文章として表現され，理解される。文章は，文字によるものを指し，音声によるものを談話という考え方があるが，この両者を特に区別する必要はない。文法研究はこの文章を分析することから始まる。文章は，文章よりも小さな構成要素から成っているのが普通である。和歌や俳句・川柳などは一つの要素から成り立っていることもあるが，散文や会話の一般的な表現はさらに細分化できる文という要素から成っている。文章構成上は，章・節・項などといったものや段落を考えることが少なくないが，ここでは文を文章から分析される構成要素と考えておく。文章も文もひとまとまりになった意味を表し，一つ一つが意味的に独立し完結しているが，文章はいくつかの文が文脈により連接されたもので，文は文脈から切り離されてしまったものである。

　文はさらに細分化することができる。意味的にまとまりのある，それだけで独立した，より小さな構成要素にである。これに文節，文素，句などと文法論ごとに名前を付けている。これらの取り出し方は立場により少しずつ異なるので，どの文法論でも同じになるというわけではない。こうして得られたものは通常，さらに細かくすることができる。これを語と呼んでいる。学校で最も普及している文節論の立場では以下の例のようになる。

　　梅　の　花　が　咲い　た。(時枝誠記『日本文法　文語篇』)

「梅」「の」「花」「が」「咲い」「た」は語である。このうち，実質的な意味を独立して表すことのできるものが，「梅」「花」「咲い」である。これに対して「の」「が」「た」は文法的意味を表すにすぎない。それぞれが何らかの意味を表し分けていると言える。これよりも大きな構成要素にすると常識的な意味を独立して表すことが可能になる。「梅の」「花が」「咲いた」，あるいは「梅の花が」「咲いた」のようにである。こうしたものが文節と呼ばれたり句と呼ばれたりする。文節論の立場では，「梅の」「花が」「咲いた」と区切ることになる。こうして得られた文の構成要素を文・文節（句）・語と言うように文法研究の単位として設定する。このように文節論では，文の構成要素としての語と語よりも大きなもの（文節もしくは句）をたて，これらを文とともに言語の単位としている。

3．文節論による文の構造

　文節は，文節相互の結合関係により，その文中での働きに従って，主語，連用修飾語，述語，独立語，連体修飾語，並立語，補助語と名付けられている。また，文節相互の関係は，主語述語の関係，連用修飾被修飾の関係，独立の関係などと呼ぶ。文節相互の関係は以下の図解の通りである。なお，作例以外の文例の多くは，比較的単純な構造の文を多用する志賀直哉の作品（新潮文庫所収，現代表記化テキストによる）からとった。

　a．主語述語の関係
(1)　梅の　花が　咲いた。
　　　　　　主語述語の関係

　b．連用修飾被修飾の関係
(2)　私は　十数年前から　毎年　朝顔を　植えて　いる。(「朝顔」)

(3)　母屋から　話声が　聴こえたので，私は　降りた。(「朝顔」。一部改変。)

(4)　よく　学び，よく　遊べ。

　c．連体修飾被修飾の関係
(5)　彼は　しきりに　その　辺を　見回わして　いる。(「いたずら　五」)

(6)　こんな　事を　書いた　手紙が　載って　いた。(「早春の旅　二」)

　d．独立の関係
(7)　「よし，もう　旅行は　やめた。」「まあ！」(「好人物の夫婦」)

(8)　仙吉は　Aを　知らなかった。然し　Aの　方は　仙吉を　認めた。
　　　(「小僧の神様　五」)

　e．対等の関係（並列の関係）
(9)　よく　学び，よく　遊べ。

f．補助被補助の関係

(10)　こんな　事を　書いた　手紙が　載って　いた。

(11)　彼は　しきりに　その　辺を　見回わして　いる。

4．文節論の持つ問題点
a．連文節論の導入

　上記の(1)から(11)までの例を見ると意味的な面で問題がないわけではない。例えば，(1)から(6)までの下線部分，(9)から(11)までの下線部分は，文節を二つ以上合わせたまとまりとしてとらえるべきである。そこに連文節論が登場することになる。連文節論では，文は最終的に一つの連文節からなる。文節論ではいくつかの文節がそれぞれ結合することによって文ができるのであるが，最終的に一つにまとまるというのではない。そこで上記の例を連文節の考え方により書き直してみると以下のようになる。

(1)'　梅の　花が　咲いた。

(2)'　私は　十数年前から　毎年　朝顔を　植えて　いる。

(3)'　母屋から　話声が　聴こえたので，私は　降りた。

(4)'　よく　学び，よく　遊べ。

(5)'　彼は　しきりに　その　辺を　見回わして　いる。

(6)'　こんな　事を　書いた　手紙が　載って　いた。

　以上の(1)から(6)，(9)から(11)までの例と(1)'から(6)'までの例とを比べてみる

と，前者は形態的には整っていると言えようが，意味的には必ずしも適切な方法ではないことがわかる。意味を考えるときには(1)'以下の例の方がわかりやすい。今日の学校ではこのような，連文節の考え方を採用するのが一般的になっている。しかし意味的な面での処理は，これでもまだ不十分なのである。

b．連体修飾被修飾の関係による問題点

上記(1)'の例において「梅の花が」を一つの連文節とした。しかしこの連文節と意味との関係を見ると，「梅の花」と「が」との二つからなるとしなければならない。次の例における「細かい砂利を敷いた道を」と言う連文節も，「細かい砂利を敷いた道」と「を」とに分けられなければならないのに，連文節の考え方では以下の図解のようになってしまうのである。

(12)　私は　再び　博物館の　前から　細かい　砂利を　敷いた　道を　春日参道へ　出た。

（「早春の旅　二」）

そこで意味的な関係のもとにとらえ直してみると，以下のようになる。

細かい　砂利を　敷いた　道　を

(1)'や(12)の「が」や「を」は，「梅の花」や「細かい砂利を敷いた道」のそれぞれを受けてまとめる働きをしているのである。

c．連用修飾被修飾の関係による問題点

上記(3)の例の場合は，「母屋から話声が聴こえた」ことを助詞「ので」が受けて全体を一つのまとまりとしてとらえるのである。そしてこれが，後接の述語文節「降りた」に係る連用修飾語になっている。しかし一方において，(3)の例は「母屋から話声が聴こえた」と「私は降りた」，次の(13)の例は「前かきという網をO君に勧められ」と「二三日して買って来た」というそれぞれ二つの文を接続しているとも考えられる。ここからこうした関係の連文節は，接続の関係にあるものとして，前項部分を接続語と呼ぶことも多くなっている。接続の関係は，(13)のように条件的な表現にはならないものもある。また，(4)'の例は対等の関係（並列の関係）になるものである。このように連用修飾語の中にも連体修飾語と同様に意味的なまとまりと文節や連文節に

よる単位とは必ずしも一致しないものが出てくる。

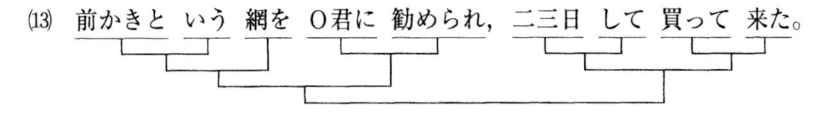

⒀　前かきと　いう　網を　Ｏ君に　勧められ，二三日　して　買って　来た。

（「日曜日」）

　　d．述語文節における問題点

　述語文節は，形態的には問題はなさそうであるが，意味的な面から見るとここにも問題点がある。すなわち，上記(1)の例については次のように書き直すことができる。例を示す。

　　梅の花が咲いた。　　梅の花が咲くだろう。　　梅の花が咲くらしい。

これらを見ると，「梅の花が咲く」に対し，「た」「だろう」「らしい」などが接続することによって文の意味合いに変化を与えている。上記の各例は，「梅の花が咲く」を助動詞「た」「だろう」「らしい」などが受けて全体を一つにまとめていると考えなければならない。先の連用修飾語における助詞「ので」のような働きをしているのである。そうするとこの文は，以下のように図解することが可能である。

　　梅の花が咲い　　た。

　ここに，述語の構造について取り上げる必要が生じ，助動詞と文との関係にも発展する。一方，「咲い（た）」「咲く（らしい）」などのようないわゆる活用の問題も出てくるのである。活用についてもいろいろな説があるが，この例で言うと，「咲か」「咲い」「咲く」「咲け」といった形の違いと後接する語との関係が見られる。

　　e．呼応

　修飾語が後に来る文の成分としての文節や連文節に係るという現象のほかに，個々の成分の一部分に係るものがある。

　　ア　感動詞

　感動詞は独立する文節と言われるが，その勢いを見ると，独立すると言うよりも，述語の一部分に係っていると言った方が自然な場合がある。次の「よし」もそうした例の一つである。このためこうした感動詞を副詞として

考える人もいる。「まあ」の例はこれだけで文として成り立っているが、「よし」の例は，「やめた」の「た」と呼応しているのである。

　　「よし，もう　旅行は　やめた。」「まあ！」

　　イ　陳述副詞（叙述副詞とも言う）

陳述副詞も，感動詞同様，述語の一部分と呼応関係を持つ。いくつかの例を以下に示しておく。

⑭　「いくら　山岡でも　雨に　濡れたのを　その　ままは　返さないだろう。」(「いたずら　五」)

⑮　クマは　決して　家鴨には　構わなかったが，(「盲亀浮木　クマ」)

⑯　「たとひ　耳　鼻こそ　切れ失すとも　命ばかりは　などか　生きざらん。〈たとえ耳や鼻が切れてなくなっても，命だけでもどうして助からないことがあろうか。〉（徒然草　53段）

⑰　人に　な　語り　給ひそ。　必ず　笑はれむ。〈人にお話になってはいけません。きっと笑われましょう。〉（枕草子　宰相中将斉信）

⑱　え　答へ　ず　なり　侍りつ。〈答えることができなくなりました。〉（徒然草　243段）

　　ウ　係り結び

陳述副詞とよく似たものに古典に見られる係り結びがある。係助詞「ぞ」「なむ」「や」「か」「こそ」が，述語部分の活用形のあり方に制約を加えている。

⑲　五色に　いま　一色ぞ　足らぬ。〈五色にもう一色足りない。〉（土左日記　二月一日）

⑳　蓑笠や　ある。　貸し　給へ。〈蓑笠はありますか。貸して下さい。〉（徒然草　188段）

㉑　七夕　まつるこそ　なまめかしけれ。〈七夕をまつることこそ優雅なことだ。〉（徒然草　19段）

エ　助動詞の呼応（ましかば…まし，ませば…まし，せば…まし）

　以上のほか，助動詞「まし」には，次の例のような呼応関係がある。これは事実に反することを仮定し，それをもとに想像するものである。これを反実仮想と言うことがある。次の(22)の例は，「龍を捕らえる」と仮定することによって，「殺されていた」と言うことを想像するのである。また(23)の例は，「桜の花がない」と仮定することによって「落ち着いていられる」ことを想像する。

(22)　まして　龍を　捕へたらましかば，　また　ことも　なく　我は　害せられなまし。

　　〈まして龍を捕まえていたとしたら，私は殺されていただろう。〉（竹取物語）

(23)　世の　中に　絶えて　桜の　なかりせば　春の　心は　のどけからまし

　　〈世の中にまったく桜がなかったら落ち着いていられるのに，桜があるから咲くのを待ち，あるいは散るのを惜しんで落ち着けないのだ。〉（古今和歌集　1・53）

5．文の構成要素

　文を構成している要素を文の成分と言う。文の成分には，述語，連用修飾語，独立語を挙げることができる。なお，連用修飾語の中から接続語を取り出して特にたてる場合には，接続語も文の成分となる。文節の関係において見られた，連体修飾語，並立語（対等語），補助語は文を直接構成する要素ではないので文の成分とはならない。主語は，本書の扱いとしては，連用修飾語の一種としたので，これも文の成分そのものではなく，連用修飾語として文の成分となる。例えば，次の文においては，

(24)　私達は　学校の前で　別れた。（「いたずら　五」）
　　　連用修飾語　連用修飾語　　述語

のようになる。しかし，例えば「別れた」の「た」は，この図解でも意味的に不十分である。そこで文の構造についての図解の仕方に別の考え方が必要となるのである。この一つの方法が，入子型構造による文の構造である。この考え方では，上記の文を次のように図解する。

| 私達は学校の前で別れ | た |

文は一般に次のような図形によって表される。

| 詞 | 辞 |　（ ＝ 句 ＝ 文 ）

　もちろん，この図解にも問題点がある。すなわち文の成分について明確な図示ができない，言いかえれば入子型構造によって具体的な文を図解することは大変難しいのである。

第2章　文の構造と種類

第1節　入子型構造

1．入子型構造の有効性

　第1章で，文節相互の関係だけを見ていたのでは意味関係を正確にとらえられないことを指摘したが，このような場合には，時枝誠記の入子型構造の考え方が有効に働くことが多い。時枝文法では語を二分し，「梅の花が咲いた。」の場合なら「梅・花・咲い」を「詞」，「の・が・た」を「辞」と呼ぶ。「詞」は「話し手が事柄を客体化し概念化するという概念過程を含むもの」で，名詞・動詞・形容詞などがここに属し，「辞」は「概念過程を含まずに話し手の立場を直接表現するもの」で，主に助詞・助動詞がこれに相当する。この二つが結合することによって主客合一した文表現が成立すると考える。
　詞と辞の関係は，

図1　| 詞 | 辞 |

といった，引き出しと取っ手のような関係で表され，これが日本語の文の構造の大枠を形作る。文を構成しているその下の単位も，すべてこの「詞・辞」の組み合わせで説明可能であるため，先に連体修飾で問題になった「梅の花が咲いた。」は次のように図示することができる。

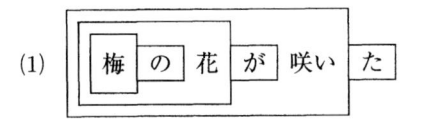

(1)　| 梅 | の | 花 | が | 咲い | た |

　この図は，「梅の」が「花」のみに係り，「梅の花」全体に「が」がつくという意味関係を構造の上でも的確に示すことに成功している。古典語も同様で，「梅の花は咲きたり。」は次のようになる。

(2) | 梅 | の 花 | は | 咲き | たり |

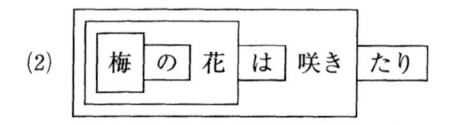

また、並列関係や準体助詞の問題も、文節の考え方ではうまく説明できないが、次の(3)(4)のようにすれば解決できる。

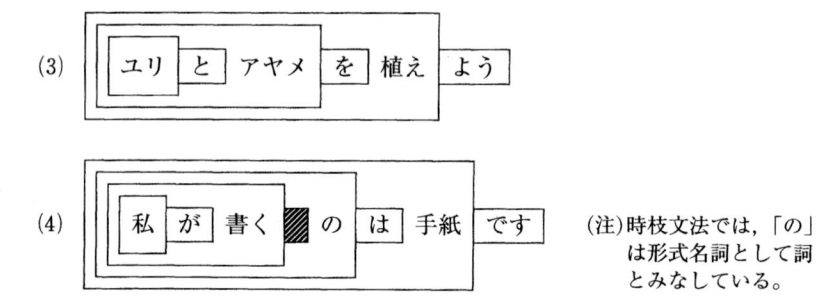

(3) | ユリ | と | アヤメ | を | 植え | よう |

(4) | 私 | が | 書く | ▨ | の | は | 手紙 | です |　(注)時枝文法では、「の」は形式名詞として詞とみなしている。

時枝文法では、上図の（▨）は「零記号の辞」と呼ぶ。例えば「咲いた」「咲きたり」の「た」「たり」に相当するような話し手の主体的立場を表す表現が、たとえ形式上は現れていなくても必ず「辞」の位置に備わっているとみなすもので、

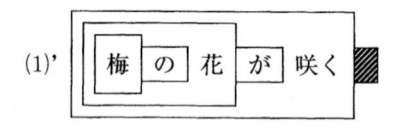

(1)' | 梅 | の 花 | が | 咲く | ▨ |

のように、文末が動詞終止形で終わっている場合でも、辞が存在するものとして統一的に図示する。古典語の場合は、「が」「を」などの格助詞が用いられない場合が多いため、その部分は零記号の辞となる（→第3章）。

　この方法を用いれば、過去や推量などを示す表現についても統一的に処理することができる。例えば、次の例を比較してみよう。

(5) 雨が降る。
(6) 雨が降った。
(7) 雨が降るだろう。

これらは、文節論の考え方で分析すると、「雨が」が、(5)では「降る」に、(6)では「降った」に、(7)では「降るだろう」に、それぞれ別々のものとして係っていくことになる。しかし、すぐにわかるように、(6)の「た」は

「降る」の部分だけについているのではなく,「雨が降る」全体に関わって文そのものを現在から見て過去のある時点を表す内容に変える役割を果たしているし,(7)の「だろう」も「降る」ことだけを推量しているのではなく,「雨が降る」全体を推量の対象としているのである。入子型構造を用いれば,このような意味的な解釈を図の上に反映させることができる。

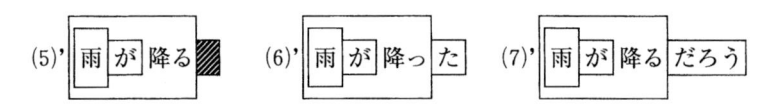

(5)′ 雨 が 降る ▨　(6)′ 雨 が 降った　(7)′ 雨 が 降る だろう

つまり,(5)～(7)は「雨が降る」という事柄(概念)自体は共通だが,(5)は何も表示しないこと(＝無標)でそのまま非過去・肯定の意味を表し,(6)(7)はそれに過去や推量の助動詞を付加して全体を統括する形で,いわゆる過去や推量の意味を表す,というように統一的に扱うことが可能になるわけである。

これらの図を見て気付くように,日本語の文の構造は述語中心である。述語が最終的にすべての成分をまとめ上げ,それを話し手の主体的立場によって包んだ形で表出したものが文なのである(→第9章)。日本語の文の構造を考える場合,英文法などで見られるような,いわゆる「主語―述語」といった二項対立的なとらえ方は必ずしも有効ではない。むしろ,文の柱とも言うべき述語を中心に据え,個々の成分と述語とがどのような関係で結び付いているかを観察することこそが重要である(→第3章,第4章)。「主語―述語」と言うのは,文の成分と述語の多様な関係のうちの一つに位置付けられるにすぎないのである。

2．連用修飾と格

個々の成分と述語との関係と言えば,いわゆる連用修飾について見ておく必要があろう。

―〔考えてみよう・1〕――――――――――
「花子が一番美しい。」と「花子がユリを植える。」を文節に分け,文節相互の関係を図示してみよう。

```
花子が 一番 美しい。    花子が ユリを 植える。
```

のように書いた人が多いのではないだろうか。中学校や高等学校で広く行われている文法では,「一番」も「ユリを」もともに連用修飾語とされ,同じように述語を修飾する成分として扱われている。しかし,述語に対する関係は果たして同じと考えてよいだろうか。

　試みに両方の連用修飾語を取り除いてみよう。前者の場合,「一番」を除いた「花子が美しい」は文としてそれなりに完結しているが,後者の場合は「ユリを」を除くと「花子が植える」となり,「何を」の部分の情報を欠いた不完全な文になってしまう。これは,それぞれの成分の,述語に対する関係の仕方が異なるからである。「一番」は述語「美しい」の程度を強めているにすぎず,あれば述語の内容がより具体的になるが,仮になくても文の成立に支障はない。一方「ユリを」は述語「植える」という動作が成立するために必須の成分である。逆の言い方をすれば,「植える」が動作として成立するためには,動作の主体「花子が」と動作の対象「ユリを」が必須なのである。そのため,動作の対象を欠いた先の文は完結していないという印象を与えたわけである。したがって,このような関係の違いを反映させるためには,「花子がユリを植える」を次のように図示した方がよいのではないかと思われる。

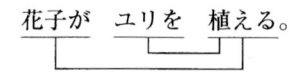

```
花子が ユリを 植える。
```

これらを入子型構造で図示すると次のようになる。

図2

```
[ 花子が [ 一番 美しい ] ]    [ 花子が [ ユリを ] 植える ]
```

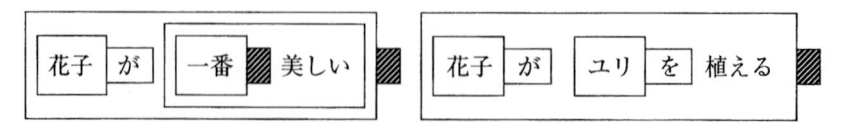

　つまり,「一番」は「美しい」と結び付き,「一番美しい」全体で述語句となって主語「花子が」を迎えるのに対し,「ユリを」は「花子が」と同等の資格で述語「植える」に結び付くわけである。これらは,中学校や高等学校で広く行われている文法ではともに連用修飾語として区別しないが,述語と

の関係が大きく異なるため,前者を「(狭義の)連用修飾」(＝状態・程度・情意概念中心),後者を「格」(＝事物概念中心)として扱うことが多くなった。

　しかし,述語にとってその成分が必須か否か,またそれが事物概念なのか状態概念なのかを判定するのは,実はそれほど容易なことではない。特に動作の成立する時・場所や動作の行われる様態などを示す成分については,文脈との関わりもあって,述語の種類のみではなかなか一般化できない。そこで本書では便宜的に,「名詞＋格助詞（が・に・を,など）」の形式をとるものを「格」,それ以外の形式によるものを「(狭義の)連用修飾」として扱うことにした。ただし,「名詞＋格助詞」の格形式をとる場合と副詞や名詞だけで連用修飾する場合とで,述語との関係に大差が生じない場合もあり,格と連用修飾には連続性があること,さらに言えば,格を（広義の）連用修飾の一つと考えることも可能なのである（→第3章,第4章）。

3．入子型構造の問題点

　述語中心の文の構造を明らかにするためには,個々の成分と述語とがどのような関係で結び付いているかを観察することが重要と前に述べたが,入子型構造はこの点に関してはあまり期待できない。

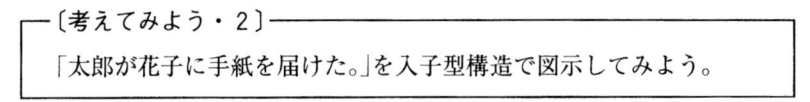

―〔考えてみよう・2〕――――――――――――
　「太郎が花子に手紙を届けた。」を入子型構造で図示してみよう。

図3

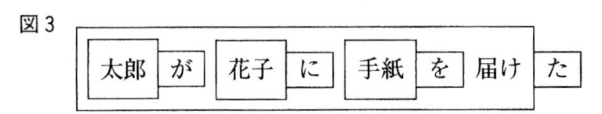

| 太郎 | が | 花子 | に | 手紙 | を | 届け | た |

　格と(狭義の)連用修飾を区別して見せた入子型構造も,格成分が複数存在する場合には,単にそれらが同等に並んでいることを示すのみである。これでは,「太郎が」「花子に」「手紙を」の三者がどういう序列でどのように「届け(る)」と関係していくのかという重要な点がまったくわからない。文末の助動詞「た」が文に統一性を与えているということだけでは,文の構造は解明できないのである。

　また,動詞の後に助動詞や終助詞がいくつも連なるような場合には,入子

型構造では各助動詞・終助詞の意味的な関わり方を区別して示すことができず，次のように羅列されてしまう。

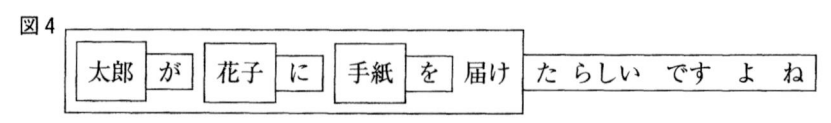

図4

| 太郎 | が | 花子 | に | 手紙 | を | 届け | たらしい | です | よ | ね |

この問題は，「本　だけ　を」「本　を　も」など，格助詞の前後に副助詞や係助詞が付く場合にも同様に生じる。

さらに，格助詞「が」と係助詞「は」では係り先が異なるはずだが（→第10章），同じ図でしか表せないし，いわゆる陳述副詞は辞に関わるモダリティ要素（→第9章）だが図ではそれが示せない，など問題点が多い。何よりも根本的な問題として，多少複雑な文になると入子型構造では図示できないという弱点がある。また，零記号の辞という見方にも異論がある。

このように，入子型構造で文の構造を説明するのには限界があるのだが，文節論では明らかにならない，文の意味的な構造をとらえる契機として重要なのである。

第2節　述語句の構造

1．述語文の種類

文の構造を明らかにするためには，まず述語の構造そのものを明らかにしなければならない。最初に，述語文の種類についてまとめておく。

次の〔考えてみよう・3〕の(1)(2)(3)(4)の下線部分はいずれも述語である。しかし，よく見てみるとそれぞれの語の文法的性質は異なっている。

〔考えてみよう・3〕

次の(1)の文の述語「走る」を(2)(3)(4)の文の「青い」「静かだ」「財産だ」に置き換え，「車ハB」という形に直してみよう。

(1) 車が走る。　　　　(3) まわりは静かだ。

(2) 空が青い。　　　　(4) 知識は財産だ。

少し舌足らずな感があるが、いずれも日常の表現としては認められている。すなわち、語として考えれば「財産だ」は二語であるが、文として考えれば「財産だ」は一語相当で、機能的には「走る」「青い」「静かだ」とまったく同じものなのである。「走る」を「青い」「静かだ」「財産だ」に置き換えてみると、(2)は「車は青い。」、(3)は「車は静かだ。」、(4)は「車は財産だ。」となる。以上のように、(2)(3)(4)のいずれも「車ハＢ」と言うふうに変換することができる。つまり、(1)の述語「走る」と置き換えが可能なのである。それは、これらがいずれも文法的には同じ働きをするからである。このような文を述語文と言う。

述語文は、述語の核を構成する語の性質、すなわち語の持つ品詞性によって分類できる。上の〔考えてみよう・3〕の(1)は動詞「走る」が述語である。このように述語が動詞からなっている文を動詞述語文と言う。(2)は形容詞「青い」が述語である。このように述語が形容詞（イ形容詞と呼ぶこともある）からなる文を形容詞述語文と言う。(3)も形容詞述語文である。この文の述語は「静かだ」であり、いわゆる形容動詞（ナ形容詞と呼ぶこともある）が述語となっている。(4)の文の述語「財産だ」というのと形が同じであるが、(4)の文は名詞述語文と言う。すなわち(3)は「静か」に「だ」が付いてはいるが、これは形容動詞語幹に活用語尾「だ」が付いたものである。形容動詞を述語とするものも形容詞の場合と同じ意味的特徴を持つので形容詞文と呼ぶ。一方、(4)も「財産」に「だ」が付いているが、これは名詞「財産」にいわゆる助動詞「だ」（これを「判定詞」と呼ぶ人もいる）が付いたものなのである。

この違いは、「名詞」をどのように規定するかということに関わっている。「財産だ」の「財産」は活用がなく、いわゆる主語となることができる性質を持つ。これは「名詞」の定義として広く行われてきたものである。ところが「静かだ」の「静か」は、

(5) 静かはよい。

とは言えない。

(6) 静かなのはよい。

でなければならない。いわゆる主語となることができないのである。これは

先の「名詞」の定義にはずれるものである。そこで，こうした語は名詞から除き別の品詞に分類しなければならなくなる。この「静か」の用法を見ると，

(7)　静かな海。

(8)　静かに話す。

(9)　ここは静かだ。

と用いられており，(7)は連体形，(8)は連用形，(9)は終止形である。すなわち，活用があるわけである。こうした語を形容動詞と名付けてきた。

一方，「財産」は，

(10)　財産の分与。

(11)　財産にする。

のように連体修飾語や連用修飾語となることができるが，

(12)＊財産な手帳。

(13)？財産に持っている。

　　　（注）　＊＝日本語の文として，文法的にもしくは場面的に成立しないと判断されるもの。「非文」と呼ぶ。

　　　　　　？＝非文とまでは言えないが，日本語の文としてやや不自然と判断されるもの。

とは言えない。助詞「の」「に」の助けを借りて修飾語になるということは，活用がないことになる。それゆえ，(3)を形容詞述語文と呼び，(4)を名詞述語文と呼ぶのである。

　ところで，名詞の定義を変えれば，例えば活用のない語のうち修飾語としての機能しかない語（「すっかり」「ふらりと」「とても」など）を除いた残りを名詞というふうにすれば，「静かだ」「静かに」「静かな」の「だ」「に」「な」を切り離して「静か」を単独の語とすることができ，形容動詞をたてる必要はなくなる。

　(3)を形容詞述語文の中に入れるのは，(7)(8)のような連体形・連用形の用法を持ち，意味的には形容詞と同様に状態を表すからである。形容動詞は，本来動詞を付加することによって作ったものである。活用という点では動詞的であるが，その他の点では形容詞的なのである。また，「名詞＋だ」の形を述語とするのは，文中での働きが「走る」「青い」などと同じだからであ

る。この点では(3)の「静かだ」と区別がつかない。

　ちなみに,「春は曙」（枕草子　はるはあけぼの）は伝統的な断定表現の一つで,「春は曙ナリ」〈春といえば曙です〉というのと同じ名詞述語文である。このような表現は現代語にもある。例えば「僕はうなぎ」「スポーツはサッカー」のようなタイプである。

2．助動詞・終助詞の相互承接

　(14)　車が走る。
　(15)　動物に似る。

というような表現はどことなく不安定である。

　(14)'車が走っていたよ。
　(15)'動物に似ていたよ。

とすると，安定した感じを受ける。これは，述語に動詞・形容詞・形容動詞を単独で使うことがあまりないことと，文には話し手の聞き手に対する何らかの働きかけがあるからである。これがないと文は不安定になる。しかしどの部分に働きかけが表されるかということになると，はなはだ難しい。そこで，述語がどうなっているかを観察してみることにしよう。

　(16)　手紙を読む。
　(17)　手紙を読まれる。
　(18)　手紙を読まれた。
　(19)　手紙を読まれたらしい。
　(20)　手紙を読まれたらしいね。

(16)(17)は文として落ち着かないが，(18)～(20)では安定感が出てくる。「た」「らしい」「ね」といった語が添えてあるからである。文には一般に，いくつかのいわゆる助動詞や終助詞を添えることが多い。動詞・形容詞・形容動詞などに助動詞や終助詞を添えた総体（全体として述語相当のもの）を特に「述語句」と呼ぶが，添えられたこれらの語には接続の順序があり，原則として語同士の接続の順序を変えることもできない。この助動詞や終助詞の並び方には，どのような規則があるのだろうか。

―〔考えてみよう・4〕――――――――――――――――
　動詞「読む」の後に可能な限りなるべく多くの助動詞・終助詞をつけ加えてみよう。
　どのようなものがどのような順に並ぶだろうか。(その際，普通は助動詞とはされない「ている」「に違いない」「のだ」などの表現を含めて考えてもよい。)
――――――――――――――――――――――――――

「読んでいたようだね」「読まれたくなかったはずさ」「読ませてしまうつもりかもしれないのよ」などと考えてみると，ある一つの傾向が見えてくる。多少の無理を承知で作るとすれば，「読ませられていなかったらしいわよね」なども可能であろう。

　動詞述語文の場合について見ると，いくつかの相互承接表が作られている。そのうちの一つを紹介すると，次のようなものがある。これは橋本進吉による口語助動詞承接表である。動詞に最も近い位置にあるものから，終助詞の直前に位置するものまでを順番に配列してある。なお，図5の下の「注」は，橋本進吉の東京大学での講義を筆録した者の付したメモである。

図5

させる	られる	たい	ます	ない	た	らしい∪	だ∪	う
せる	れる			ん			です∪	よう
								まい

(注)「させる」と「せる」，「られる」と「れる」，「ない」と「ん」，「だ」と「です」，「う」と「よう」と「まい」はそれぞれ互いに重ねて用いることはない。また「∪」を付けた語からは前に返ることがある。

　先の(16)～(20)の例について図5の承接表を当てはめてみると，表の通りの順序になっていることがわかる。(20)の「ね」は終助詞なので上記承接表には見えないが，終助詞は文末に付くという性質があるため，すべての助動詞類の後に接続する。

3．接尾辞と助動詞相当語

　述語句はこのように，動詞の他に「た」「らしい」などの助動詞と「ね」

などの終助詞とのいずれか，もしくはその両者からなっている。そのほか述語句には，〔考えてみよう・4〕でも触れたように，「ている」「に違いない」「とのことだ」などのような，普通は助動詞とされない表現が含まれることも多い。

(21) 手紙を読んでいる。
(22) 手紙を読まれている。
(23) 手紙を読ませられていたい。
(24) 手紙を読ませられていたかった。
(25) 手紙を読まれていたに違いない。
(26) 手紙を読まれていたに違いない とのことだ。

(21)は，中学校や高等学校で広く行われている文法においては，「読んで」と「いる」とに分け，補助被補助の関係にある文節と説明しているものである。「いる」は補助動詞とされている。この方法は，補助動詞「いる」の用法を明らかにすることはできるが，「読む」と「読んでいる」との表現上の違いを見るには適さない。そうした目的のためには「ている」を一語としてとらえた方がよい。この「ている」は，(22)～(24)を元にすると，図5の承接表では「(ら)れる」と「たい」との間に位置することになり，動詞に意味を添える接尾辞としても考えることのできるものである。また(25)(26)の「に違いない」「とのことだ」は，「らしい」などの助動詞類に近い機能を担っており，助動詞相当語と呼ばれることもある。助動詞相当語同士でも，その性質によって接続の順序が決まっている。したがって，述語句に含まれる語には，動詞のほか，いわゆる接尾辞・助動詞・助動詞相当語・終助詞などがあることになる。

　動詞に接尾辞が付くと，その動詞の性質が変わることがある。その点を理解するために，次に受身と使役の例を示した。受身や使役の助動詞も接尾辞ととらえることができるのだが，接尾辞が付くことでどのような違いが現れるのだろうか。

〔考えてみよう・5〕

　次の(27)(28)(29)の文の主語と動作をする人(動作主体)はそれぞれ誰か。AまたはBの記号を表の空欄に入れてみよう。

		(27)	(28)	(29)
(27)	Aハ手紙を読む。			
(28)	AハBニ手紙を読まれる。	主語		
(29)	AハBニ手紙を読ませる。	動作主体		

　上記の(27)(28)(29)は、「誰」が読むのか、「誰」が読まれるのか、「誰」に読ませるのかを問題にしている。この場合、主語と動作を行う人（動作主体）との関係は次のようになる。すなわち、(27)では主語A、動作主体もAで、主語と動作主体は同一であるが、(28)(29)では、主語はAでも動作主体はBで、主語と動作主体の関係が変わってしまう。これは、「（ら）れる」や「（さ）せる」が動詞に付くことによってその動詞の性質を変えてしまうからである。「（ら）れる」「（さ）せる」は、助動詞というよりも接尾辞的な性質が強い。

　一方、「手紙を読んだ。」と「手紙を読む。」との間にはこうした性質の変化は見られない。これは助動詞・助動詞相当語全般に言えることである。同様に、「手紙を読んでいる。」においても、主語と動作主体の関係は「手紙を読む。」の場合と同じである。しかしながら「ている」を助動詞相当語としにくいのは、「読んだ」などがそれ以上は活用させられないのに対し、「読んでいる」はこれをもとに、さらに「読んでいない」「読んでいた」「読んでいれば」などと変化させることが可能だからである。これは、受身・使役の接尾辞が、「読まれる」・「読ませる」をもとにそれぞれ、「読まれない」「読まれた」「読まれれば」・「読ませない」「読ませた」「読ませれば」のように変化可能であるのと似ている。したがって、ここでは「ている」を接尾辞の中に入れておくことにする。なお、現代語の「たい」、古典語の「たし・まほし」については、接尾辞とも助動詞とも考えられるが、ここでは助動詞の中に入れておく。

4．述語句の意味的構造

　述語句を構成する諸要素の並び方の一例として、第2項で橋本進吉による口語助動詞承接表（図5）を挙げたが、それよりも広く、終助詞・助動詞相当語なども視野に入れながら、各表現が実現している文法的意味に着目して述語句の構造をとらえ直してみると、次のような構造が見えてくる。

図6

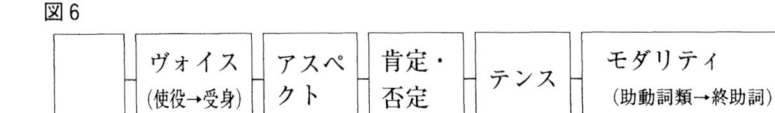

| | ヴォイス
(使役→受身) | アスペクト | 肯定・否定 | テンス | モダリティ
(助動詞類→終助詞) |

客観的　←────────────────────────────→　主観的
(詞的)　　　　　　　　　　　　　　　　　　　　　(辞的)

読ま　せ　られ　て　い　なかっ　た　らしい　わ　よ　ね

　この順序は，より客観的で事柄的な要素ほど動詞の近くに置き，より主観的で話し手の立場を表明している要素ほど文末に置くという原則があるからである。ヴォイスの「(さ)せる」「(ら)れる」やアスペクトの「ている」は，活用の問題だけでなく事柄的な要素であるという意味からも，助動詞ではなく動詞の接尾辞として扱われることが多い。また，肯定・否定の対立を表す部分については，肯定の場合は何も表示しないこと（＝無標）でそのまま肯定を表すことになる。テンスとモダリティ，否定とモダリティの順序については絶対的とは言えず，「読んでい　た　はずだ／読んでいる　はずだった」「読んでい　ない　ようだ／読んでいる　ようで(は)ない」のように入れ換えが可能なこともある。ただし，意味の違いは微妙に生じるだろう。
　さらに，言語の情報伝達という側面を重視すれば，句末のモダリティ部分も二段階に分けて考えた方がよい。一つは伝えるべき事柄そのものについての話し手の判断・態度を表す段階（判断のモダリティ…断定・推量など），もう一つはその事柄を聞き手に発話・伝達する際の話し手の態度を表す段階（伝達のモダリティ…命令・勧誘・問いかけなど）であり，前者から後者へという順序で現れる。終助詞は後者に関与しているが，終助詞相互の承接順にも一定の規則性が認められる。
　ところで終助詞は，活用がないので古くから助詞として分類してきたが，助動詞「(よ)う」ともよく似ている。「(よ)う」には確かに終止形と連体形という二つの活用形があるが，語形はまったく変化しない。先の図5でも「(よ)う」は最後に位置しており，助動詞というより多分に終助詞的である。実のところ，一活用形のみの助動詞は終助詞と言っても差し支えなく，両者の区別を厳密に行うことは難しい。
　また，「です」「ます」の表す「丁寧」という文法的意味は，構造図に入れ

にくいため便宜的にはずしておいた。「読ませられません」「読ませられなかったでしょう」「読ませられなかったらしいですね」などと例を挙げてみると、「丁寧」は複数の位置に現れてしまうからである。

第3節　文の階層的構造

1．直線的単文モデル

　前節までの記述に基づき，単文（述語が一回しか現れない文）の構造を，動詞を例にモデル化すると次の図7のように表すことができる。

図7

| 連体修飾語 | 名詞＋格助詞 | … | 連用修飾語 | … | 動詞 | ヴォイス | アスペクト | 肯定否定 | テンス | モダリティ |

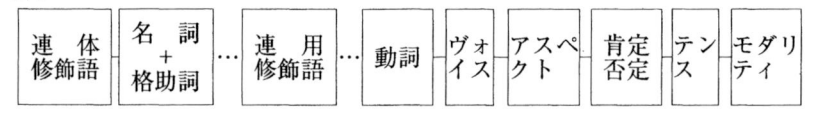

　図の中の「…」は，格を表す「名詞＋格助詞」も「連用修飾語」も複数出現が可能であることを示す。文の中心である述語の格支配のパターンによって，「名詞＋格助詞」の数と種類が決まるが，主語というのはその中で述語にとって主格にあたるものを指す。述語より後半の部分では，ヴォイス・アスペクト・モダリティの要素は複数の出現が可能である。

　しかしこれでは，日本語の語順を示す一つのモデルにすぎず，文の構造の解明にはあまり役立たない。なぜなら，第1節3項で述べた入子型構造についての問題点と同じ問題が，ここでも再び生じているからである。すなわち，このような直線的把握では，個々の成分と述語とがどのような関係で結び付いているか，また，述語句を構成する各助動詞・終助詞がどのような意味的な関わり方をするかについて，明らかにならないのである。

2．段階的・重層的な文構造

　そこで，文の構造を段階的・重層的なものととらえる見方が数々提唱されてきた。その一例であるが，北原保雄は，橋本進吉の連文節（文節の群化）や時枝誠記の入子型構造の長所を取り入れながら，独自の構文モデルを提案している。それは，動詞を中心として文頭・文末両方向に連文節が拡張し，

最終的に文全体が成立するという見方である。次に基本的なモデルを紹介しよう。

図8

| 超格 | 時格 | 場所格 | 主格 | 受身格 | 使役格 | 目的格等(注) | 動詞＋せ＋られ＋なかっ＋た＋だろう |

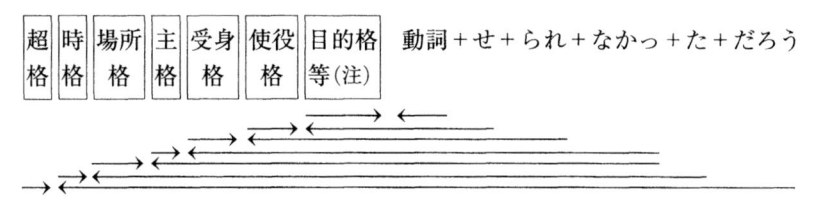

（注）動詞の表す動作・作用等が成立するために必要な，その動詞固有の格成分のことで，目的格が代表的である。なお，この図中の「受身格」「使役格」は，本書で用いている「格」の概念とは異なるものである。また「超格」とは，格のレベルの関係を超えたもので，具体的にはモダリティに関連する関係構成を指すと思われる。

例えば，

(1) ねえ，まさかきのう太郎が弟に酒を飲ませなかっただろうね。

という文は，次のように分析される。

(1)' ねえ まさか きのう 太郎が 弟に 酒を 飲ま せ なかっ た だろう ね。
　　　　　　　　　　　　　　　　　　　　──→ ←── 目的格の関係
　　　　　　　　　　　　　　　　　　──→ ←────── 使役格の関係
　　　　　　　　　　　　　　──→ ←────────── 主格の関係
　　　　　　　──→ ←────────────── 時格の関係
　　　──→ ←──────────────── 超格の関係 ──
　──→ ←────────────────── 超格の関係 ──

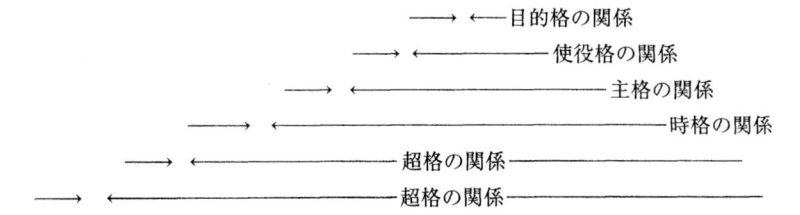

この図式によれば，入子型構造では表せなかった，複数の格成分がどういう序列でどのように動詞に関係していくかという点が明快に示される。まず目的格の「酒を」が動詞「飲む」と結び付いて「酒を飲む」ができる。そこに使役の「せる」が下接した「酒を飲ませる」に使役格の「弟に」が結び付いて「弟に酒を飲ませる」となり，さらにそこに否定の「ない」が下接した「弟に酒を飲ませない」全体に主格の「太郎が」が関係していく，という順序である。このように，動詞を中心として，文頭・文末両方向に一段階ずつ成分を拡張していくことで最終的に一文が成立するのである。この見方だと，

述語句を構成する諸要素と，述語より前に出てくる格成分・時の副詞・陳述副詞・感動詞などがいかに深く関係し合いながら一文を作り上げているかがよくわかる。

3．述語句の階層構造と文構造

　一方，前項の図8とは違った形で文の階層構造を図解する方法も広く行われている。その一例として，仁田義雄の構造図を挙げておく。

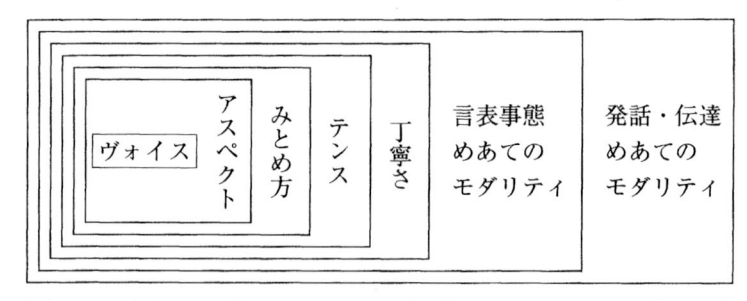

図9

| ヴォイス | アスペクト | みとめ方 | テンス | 丁寧さ | 言表事態めあてのモダリティ | 発話・伝達めあてのモダリティ |

　近年増えている図9のようなタイプの述語句構造図は，図5のような伝統的な助動詞相互承接表とはかなり異なった印象を与える。しかし，両者は相互に重なり合うところもある。具体的に個々の助動詞を挙げることによってその接続の順位を示そうというのが図5の助動詞相互承接表であり，個々の助動詞の持つ文法的意味を抽出し，その包摂関係を示すことで表現主体の描き方にまで言及しようとしたのが，図9の述語句構造図なのである。前節の図6では，述語句の意味構造を図解したものも示したが，図6と図9は多少用語が異なるだけで同様の趣旨である。ただ，図6は文法的意味の直線的な承接順に終わっており，各要素の意味的な関わり方を示せない欠点があることは前述の通りである。

　ちなみに，これらの構造図は動詞述語文について説明したものであるが，形容詞述語文でも名詞述語文でも同様である。ただし，形容詞や名詞には接続する助動詞類に制約があるため，図に示した文法的意味を網羅的に取り込むことはできず，より単純な構造にならざるを得ない。

　一般に文は，叙述すべき客体的な事柄部分（叙述内容・命題）と，その事柄を表現・伝達する際の表現主体の判断・態度を表す部分（モダリティ）と

に大きく二分され，後者が前者を包摂していると考えられる。先の例文(1)を用いて図解すると次のようになる。

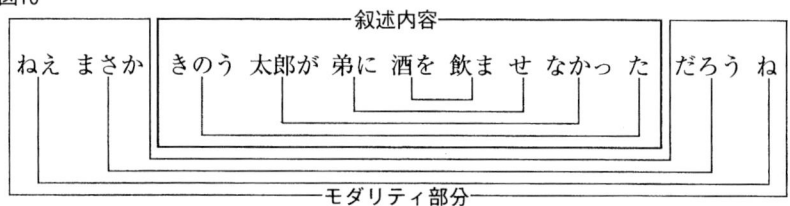

図10

```
           ┌─────────叙述内容─────────┐
ねえ まさか │きのう 太郎が 弟に 酒を 飲ま せ なかっ た│ だろう ね
           └─────────────────────────┘
└──────────────────モダリティ部分──────────────────┘
```

「きのう」から「た」までが事柄的部分（叙述内容）で，その外側がモダリティ部分である。「まさか……だろう」が判断のモダリティ，最も外側には「ねえ……ね」と言う，モダリティの中でもより事柄的部分から遠い，伝達のモダリティが位置し，文全体を包み込んでいる（→第9章）。

　上のことを一般化して，動詞述語文で説明すると次のようになる。動詞述語文は，述語句の核となる動詞とこれが受ける連用修飾語（「名詞＋格助詞」も含む）とによって表される事柄の客観的表現（叙述内容）を，助動詞・終助詞などやこれに関係する連用修飾語（陳述副詞等）・独立語（感動詞）によって表される話し手の判断や聞き手への働きかけの表現など（モダリティ部分）によって包み込んだものである。両者は分化しているとともに，一つになって文を成立させているが，モダリティ部分が叙述内容部分を受けて文全体をまとめ上げるという重要な役割を果たしている。この結果，文としての意味的な完結と統一が保たれるのである。

　ここで少し用語の整理をしておこう。文の構造を表す用語には，文の構成要素として形の上から取り出されたものと，文の統一・完結という意味・機能的な側面から取り出されたものとがある。「連用修飾・述語句」などは前者，「叙述内容・モダリティ部分」などは後者に属する。その他，「感動詞・助動詞」などの品詞名を用いて説明される場合もある。混乱しやすいのは，同じ部分を指していても，どの側面を問題としているかで呼び方が異なることである。下に代表的な用語を挙げて整理してみた。

図11

独立語 連用修飾語	連用修飾語 格成分	述　語　句 (述語句の核)		(述語句末)
感動詞 陳述副詞	「名詞＋格助詞」 副　詞 用言の連用形 数　量　詞	動　詞 形　容　詞 形容動詞 名　詞	＋ 接尾辞 助動詞	助　動　詞 終　助　詞 動詞活用語尾 （命令形）

モダリティ部分　　　　　　　叙述内容　　　　　　　モダリティ部分

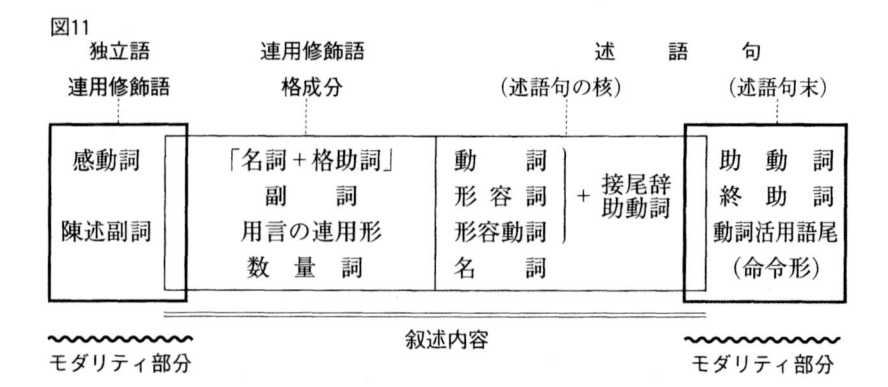

　図11でわかるように，述語句は，叙述内容を表す核の部分とモダリティを表す句末の部分に分割される。また，連用修飾語や助動詞は，表現によって叙述内容に属する場合とモダリティ部分に属する場合とがある。助動詞で言えば，テンスを表す「た」は叙述内容，推量を表す「だろう」はモダリティ部分である。動詞はヴォイス・アスペクトを表す部分を伴うこともあるが，これは叙述内容に属している。

　一方，叙述内容の方は連用修飾の部分と述語句の核の部分とに分かれ，モダリティ部分の方も文頭の要素と文末の要素とに分けられる。ただ，叙述内容とモダリティ部分にはある程度連続性が見られ，どちらに属するか判断しにくい場合もある。たとえて言えば，叙述内容とモダリティ部分とは鎖のような関係でつながっているのである。先の図10では，日本語の構造をとらえる上で重要な主題「は」（係助詞）の関係を示せなかったが，鎖の環と環とがつながっている部分がそれを表現していると見ることも可能である。文はモダリティ部分が叙述内容を包み込むことで成立すると述べたが，線状的な文の実態に即して考えればむしろ図11のようになるだろう。つまり，述語句の核が連用修飾語とともに形成したひとまとまりの表現（叙述内容）を，モダリティ部分が前後から鎖のような関係によって支え，一つの文としてまとめ上げる構造である。この鎖の環によってつながっている状態が文の実態である。

第4節　文の種類

1．独立語文

　文の種類については，今日ではいろいろな分類が試みられ，使われている。中学校や高等学校における文法の副読本や英文法の教科書などによく見られる，平叙文・疑問文・命令文・感嘆文という意味的な特徴による分類もその一つである。また，文の構造，特に主語・述語の関係から見た，単文・重文・複文といった分類もよく見る分類である。本書では，同じ，文の構造による分類でも，述語の有無に着目したものを用いることにした。これは，主語が文の必須構成成分ではないことによる。

　文は，独立語か述語かいずれかがあれば成り立つ。すなわち，文には大きく分けて，独立語文と述語文とがあるということである。本章では，これまで述語文のみを取り上げて文の構造を述べてきたので，ここでは独立語文に絞って解説を加えておきたい。

　独立語文は，感動詞や名詞からなる。一語からなるものも少なくないが，特に平安時代の和歌には連体修飾語を伴った名詞（相当語句）からなる独立語文も多く見られる。独立語文は，感動詞と同様に次のような意味を表す。

(1)　＜感動＞「よし，もう旅行はやめた」「まあ！」（「好人物の夫婦」）
(2)　＜呼びかけ＞「小父さん！　目白を捕らしてくれよ」（「目白と鶸と蝙蝠」）
(3)　＜応答＞「お前は今日行った事を気にしているのか」「いいえ」（「晩秋四」）
(4)　＜挨拶＞「ありがとう」こういって美しい母は親しげに私の顔を覗き込んだ。（「母の死と新しい母　七」）

このほか，かけ声などもある。

　また，古典の場合には次のような例がある。

(5)　わたの原八十島かけて漕ぎ出でぬと人には告げよ海人の釣り舟〈海原の数え切れないくらい多くの島々をめがけて船をこぎだしてしまったと人には告げてくれ。海人の釣り舟よ。〉（古今和歌集　9・407）
(6)　今来むと言ひしばかりに長月の有明の月を待ち出でつるかな〈あの人

が直ぐにも行くと言ってよこしたばかりに九月の夜長に待ち続けているうちに有明の月が出てしまったことよ。〉（古今和歌集　14・691）

(7)　朝ぼらけ有明の月とみるまでに吉野の里にふれる白雪〈夜がほのぼのと明け始めて有明の月なのかと思うほどに，吉野の里に真っ白に降っている雪であることよ。〉（古今和歌集　6・332）

(8)　天の原ふりさけ見れば春日なる三笠の山に出でし月かも〈大空を遠くはるかにふり仰いでみると，今見る月はかつて春日の三笠山に出ていたあの月なのだなあ。〉（古今和歌集　9・406）

　(5)は「海人の釣り舟」という名詞（相当語句）による呼びかけ，(6)は「待ち出でつる」という連体形に詠嘆の終助詞「かな」が付いたもので，全体としては名詞相当語句に「かな」が付いたものである。また(7)は「白雪」に連体修飾語が付き全体で名詞相当語句として用いられた詠嘆の表現である。(8)は「月」に終助詞「かも」が付いて詠嘆表現として用いられた名詞相当語句である。古典における連体形は，被修飾語の省略された形とも考えることができるが，(6)のような例が多いことから連体形が名詞としての用法を持っていたとすることもできる。

　独立語文は，話し手の客観的な表現内容（叙述内容）と話し手の聞き手に対する働きかけの表現（伝達のモダリティ）とが一体になっており，両者がいまだ未分化の状態にある文である。

　なお，中学校や高等学校で広く行われる文法では，接続詞を独立語の中に入れることが多いが，本書では接続語に含めた。これは，接続詞が担う接続の機能を重視したためである。つまり，連用修飾語の一種である，接続助詞によって構成される文の構成要素（従属節）と同様に，接続詞も後接の文相当句に係るものだからである。したがって，本書で言う独立語とは，感動詞（相当語句）のみになる。

２．複文の種類と階層構造

　次に複文についてもまとめておこう。複文とは，一つの文の中に述語が二回以上現れる文，別の言い方をすれば，節を二つ以上含んでいる文を言う。中学校や高等学校で広く行われている文法では，主語・述語の関係を備える

二つ以上の文が対等の資格で並んだ文を「重文」、主語・述語を備えた二つ以上の文のうち、一つは文全体の中心となり（主節）、それ以外は主節に従属している（従属節）ものを「複文」と呼んでいる。しかし、前述のように日本語の文の構造の中心は述語であり、逆に見れば、述語さえあれば文として成立可能とも言えるため、まず条件から主語を省いた。また、複文を広義にとらえ、一文に節が二つ以上現れるという点では同じ構造である重文を、複文の下位に位置付けることにした。

　複文を構成する、主節以外の具体的な節としては、対等な関係の節を構成する「並列節」、従属節として機能する「副詞節」「連体修飾節」「名詞節」、独立語相当の節となる「独立節」がある。以下順に例文を挙げてみよう。

　Ⅰ　並列節……二つ以上が対等の関係で結び付く節
　　　　　　　（重文のように主節と対等なものはもちろん、そうでないものも含む。）
(9)　このマンションは駅から近いし、値段も手頃だ。
(10)　かゝれば、この人々、家に帰りて物を思ひ、祈をし、願を立つ。〈このような状態なので、この人たちは家に帰って、物思いにふけり、神仏に祈り、願をかける。〉（竹取物語　貴公子たちの求婚）

　Ⅱ　副詞節……主節に従属し、主節をいろいろな意味で修飾する関係にある節（意味的に、主節を連用修飾していると考えられる節）
　　　　　　　（→第4章）
(11)　すぐに手術をしても、この手は元通りにはならないらしい。
(12)　あやしがりて寄りて見るに、筒の中光りたり。〈不思議に思い近寄って見てみると、竹筒の中が光っている。〉（竹取物語　かぐや姫の生ひ立ち）

　Ⅲ　連体修飾節……文や節の一部として、名詞を修飾・限定している節
　　　　　　　（→第5章）
(13)　十年前に大阪で起きた現金強奪事件はどうやら迷宮入りになりそうだ。
(14)　我あさごと夕ごとに見る竹の中におはするにて、知りぬ。〈私が毎朝毎晩見る竹の中にいらっしゃるので（あなたを）知りました。〉（竹取物語　かぐや姫の生ひ立ち）

Ⅳ　名詞節……文や節の一部として，全体で名詞相当の機能を果たしている節

(15)　電車を降りてから，内ポケットの財布がないことに気がついた。

(16)　五人の中に，ゆかしき物を見せ給へらんに，御心ざしまさりたりとて仕うまつらんと。〈五人のうち，私が見たいと思う物を見せてくださる方に，ご愛情が勝っているということでお仕えしましょうと。〉（竹取物語　貴公子たちの求婚）

Ⅴ　独立節……文や節から独立して，独立語相当に機能している節

(17)　山の中の一軒家で晴耕雨読の生活をする，それが私の夢なんです。

ところで，副詞節には，条件・原因理由・付帯状況など，さまざまな種類がある。それらの副詞節の，一文における出現の順序を見ていると，ある種の階層構造があることがわかる。まず次の例を見てみよう。

(18)　(かぐや姫を見まほしうて) 物も食はず思ひつゝ，かの家に行きてたずみありきけれど，かひあるべくもあらず。〈(かぐや姫をわが物といたしたく) 食う物も食わず思いつづけ，かぐや姫の家に行ってたたずんだり歩き回ったりするのだが，ききめがありそうにもない。〉（竹取物語　貴公子たちの求婚）

これを，節の階層構造がわかりやすいように図示すると次のようになる。

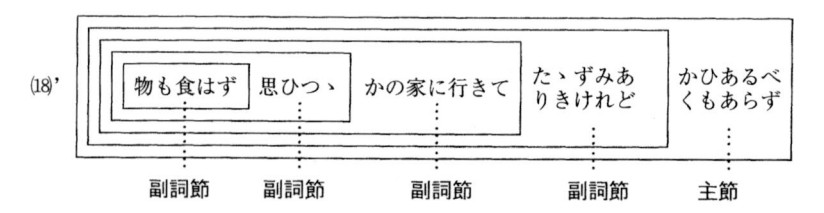

(18)'

物も食はず	思ひつゝ	かの家に行きて	たゞずみありきけれど	かひあるべくもあらず
副詞節	副詞節	副詞節	副詞節	主節

つまり，同じ副詞節といっても，意味的には「〜けれど」節が「〜て」節を，「〜て」節が「〜つつ」節を，さらに「〜つつ」節が「〜ず」節を，順に包摂していることになる。

また，現代語でも次のような複文を作ることが可能であろう。

(19)　自分で作った曲を聞きながら，ソファーでうとうとしていると，急に寒くなったので，冷房を切ったが，体はなかなか暖まらなかった。

このように副詞節にはさまざまなレベルのものが存在し，互いに包含関係

を持ちながら主節を修飾していることがわかる。一般に副詞節は，主節との関係を示す節末の表現によって，以下の様に分類されることが多い。

　A類――～ながら，～つつ，～たり，～まま，～て（同一主語），～ず（同一主語），～連用形（同一主語），など
　B類――～ば，～たら，～なら，～と，～とき，～ても，～てから，など
　C類――～し，～から，～ので，～のに，～けれど，～が，～て（異主語），～ず（異主語），～連用形（異主語），など

各類の中でも個々の表現によってレベル差があり，それに応じてさまざまな包含関係が見られるが，類単位では大まかに次のような階層構造をなしている。

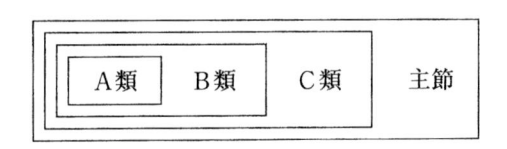

```
┌─────────────────────────────────────┐
│ ┌─────────────────────────┐         │
│ │ ┌─────────────┐         │         │
│ │ │ A類  │ B類  │ C類     │ 主節   │
│ │ └─────────────┘         │         │
│ └─────────────────────────┘         │
└─────────────────────────────────────┘
```

また，このA類からC類という分類は，副詞節がどれだけ文に近いかを示す段階性でもある。文らしさを測る目安として，モダリティ要素の現れ方に着目することが多いが，A類ではテンスをはじめかなりの要素が制限され，B類・C類と段階を経るに従って制限が緩んでくることがわかる。C類の「～が」「～から」などではほとんど制限がなく，文と同様のふるまいを見せている。

【問題1】
　「春は曙」のような構文を現代の表現の中から探してみよ。

【問題2】
　次の(i)～(iv)における現代や古典の文章の中から，述語文（動詞述語文・形容詞述語文・名詞述語文）の例を探してみよ。また，話し手（あるいは書き手）の，聞き手（あるいは読み手）に対する働きかけや判断の度合がどのような形で表されているか説明せよ。なお，(i)の例は志賀直哉の「或る朝」，(ii)の例は「焚火」からの一節で，地の文を省略して会話部分だけを抜き出したものである。

(i) 「さあさあ。どうしたんだっさ」
「起きると云えば起きますよ」
「本当に早くしておくれ。もうお膳も皆出てますぞ」
「わきへ来てそうぐずぐず云うから，尚起きられなくなるんだ」
「あまのじゃく！」

(ii) 「どうしたんだ」
「居ましたよ。虫ですよ。あの尻の光っている奴が，こうやって尻を振っていたんですよ。堪(たま)ったもんじゃあない」
「この辺かい？」
「其処(そこ)に光ってるじゃあ，ありませんか」
「成程，これだね」
「これが，そんなに可恐いかね」
「これからは其奴(そいつ)が居るんで，うっかり歩けませんよ」

(iii) 志賀直哉「秋風」(新潮文庫『灰色の月・万歴赤絵』所収)を読み，(i)(ii)と同様の作業をしてみよ。

(iv) 『源氏物語　桐壺巻』(岩波文庫，角川文庫などに収録)についても(i)(ii)と同様のことをやってみよ。

【問題3】
　節の階層構造について，いろいろな例文を考えたり，収集したりして，階層構造の図を書いてみよ。そして，各類の中で表現同士がどのような包含関係を形成しやすいか，その傾向についてもまとめてみよ。

第3章　格

第1節　現代語の格

1．格と意味役割

　名詞が文中の述語句の中心となる動詞や形容詞，形容動詞などとどのような意味的関係にあるかを示す文法形式を，一般に格（case）と言う。日本語では，この関係は主に格助詞によって示される。仮に格助詞を用いないと，次のような文は意味が曖昧になる。

　(1)　彼　先生　質問する。

上の例では誰が誰に質問するのかはっきりしない。しかし，

　(1)'　彼に　先生が　質問する。

とすれば，格関係がはっきりし，意味が一つに定まる。この場合，格助詞「が」は名詞「先生」が動作動詞「質問する」の主体であるという意味役割を担い，格助詞「に」は名詞「彼」が「質問する」動作の相手であるという意味役割を担っている。

　上の例の意味を変えずに中国語で言うとすると，

　(1)"　老师　问　他。（Lǎoshī wèn tā．／先生　尋ねる　彼）

となり，(1)'と同じ意味にする場合，動作対象の「他」を文頭に持ってくることはできない。仮に「他问老师」とすると，「彼が先生に質問する」と意味が逆になる。これは，中国語ではいわゆる格助詞にあたるものがなく，基本的な格の関係は主として語順で示すことによる。

　格助詞には一般に「が・を・に・で・から・より・へ・と」などがある。以下，順に見ていこう。

> [考えてみよう・1]
> 　次の各文の下線部の「名詞＋格助詞」が述語に対してどのような意味役割を担っているか考えてみよう。

(2) 田中さんが　食堂で　ご飯を　食べる。
(3) 彼女が　彼に　チョコレートを　あげる。
(4) 9時に　e-mailで　友達に　連絡する。

(2)の文は次のように図示することができる。

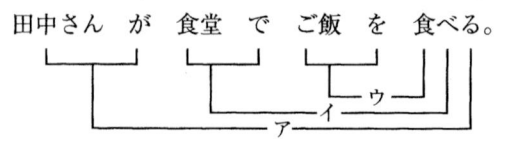

田中さん　が　食堂　で　ご飯　を　食べる。
　　　　　　　　　　　　　　　　ウ
　　　　　　　　　　　　　　イ
　　　　　　　　　　　ア

　上の図のアの「田中さん」は「食べる」動作の主体，イの「食堂」は「食べる」動作の場所，ウの「ご飯」は「食べる」動作を向ける対象であり，これらの意味役割は格助詞「が」「で」「を」によって表し分けられている。
　このような「名詞＋が」「名詞＋で」「名詞＋を」を本書ではそれぞれ「が格」「で格」「を格」と呼び，それ以外の「名詞＋格助詞」の格形式についてもこれに準ずることとする。こうした「名詞＋が」を主格，「名詞＋で」を場所格，「名詞＋を」を対格と呼ぶ格文法に即した用語もあるが，一つの格形式はさまざまな意味役割を果たすので混乱を招きやすいため，ここでは採用しない。
　(3)では，「が格」は動作の主体，「に格」は動作の相手，「を格」は動作の対象という意味役割を格助詞「が」「に」「を」で表し分けている。
　(4)は「9時に」の「に格」が動作を行う時，「e-mailで」の「で格」が動作の手段や方法，「友達に」が動作の相手という意味役割を「に」と「で」で表している。
　以上のように，個々の格助詞はそれぞれの文の中で，動作・現象・存在などの主体，動作を向ける対象，動作の相手，動作の手段，動作・現象・存在の場所や時間等々さまざまな意味役割を担っている。しかし，例えば一口に場所の意味役割といっても，詳しく見てみるといろいろな種類があり，それに応じて格助詞も使い分けられている。

──〔考えてみよう・2〕──
　次の下線部はいずれも述語に対して場所の意味役割を持っているが，格助詞は同じとは限らない。それぞれの格助詞がどのような種類の「場

所」を表し分けているのか考えてみよう。
(5) a．大学に　本屋が　ある。
    b．大学で　授業が　ある。
    c．林君が　大学で　勉強する。
    d．林君が　大学に　行く。
(6) a．川に　魚が　いる。
    b．人々が　川で　泳ぐ。
    c．人々が　川を　渡る。

(5) a の「ある」はモノの存在を表し，「に格」は存在の場所を表している。しかし，(5) b のように同じ「ある」でも出来事の存在を表す場合があり，その場合は「に格」でなく，「で格」で示される。(5) c も(5) b と類似しており，動作の場所を表している。これに対し(5) d の「に格」は「行く」という動詞の表す移動の意味との関係から，同じ動作の場所といっても帰着点を表すととらえられる。

(6) a，b についても，それぞれ(5) a，(5) c と同様のことが言える。これに対し，(6) c の「を格」は〔考えてみよう・1〕でみた「を格」とは異なり，場所を表してはいるが，上で見たような存在や動作・出来事の場所や帰着点を表すのではなく，「渡る」という動詞の意味との関係で，通過する場所を表している。

このように異なる格助詞で意味役割の微妙な違いを表示する例をもう少し見てみよう。

─〔考えてみよう・3〕─────
次の下線部の格形式は述語の動詞に対して，どのような意味役割を持っているか，a，b の違いに注目して考えてみよう。
(7) a．林君が　友人に　会う。
    b．林君が　友人と　会う。
(8) a．卵で　オムレツを作る。
    b．ぶどうから　ワインを作る。
(9) a．診察が　5時に　終わる。

　　　　b．診察が　5時で　終わる。

　(7)はともに「相手」の意味役割を表すと考えられるが，aの「に格」は林君が会いに行く感じがする一方，bの「と格」は互いにそれぞれが会う場所におもむく感じとなる。なお，この例文を「友人に会いに行く」「友人と会いに行く」と書き換えると前者では林君が会いたいのは友人であることに変わりはないが，後者では会いたいのは誰か別の人で，友人は一緒に行く人だと解することもできる点に注意したい。

　(8) aの「で格」は材料を，bの「から格」は原料を表す。これは英語の"(made) of ～""(made) from～"にほぼ対応する。

　(9)はともに「時」の意味役割を表すが，aの「に格」は単に時の一点を指すのに対し，bの「で格」は「5時」までの間，診察が続いており，そのあとは一切打ち切るということを含意するという違いがある。

　次に，格助詞を順に取り上げ，それぞれが各述語との関係から，どのような意味役割のバラエティを持っているか見てみよう。

──〔考えてみよう・4〕──
　次の下線部の「名詞＋格助詞」が動詞に対しどんな意味役割を持つか考えてみよう。
　(10)「が」　a．椅子がある　／　人がいる
　　　　　　b．犬が歩く　／　雨が降る
　(11)「を」　a．ご飯を食べる　／　人を殺す
　　　　　　b．ご飯を炊く　／　家を建てる
　　　　　　c．通りを歩く　／　橋を渡る
　　　　　　d．席を立つ　／　岸を離れる
　(12)「に」　a．友達にあげる　／　人に会う
　　　　　　b．家に帰る　／　本棚に本をのせる
　　　　　　c．部屋にいる　／　机の上にある
　　　　　　d．大人になる　／　二つに割れる
　　　　　　e．先生にもらう　／　人に教わる
　　　　　　f．物音に驚く　／　頭痛に悩む

　　　　　　　g．7時に起きる　／　8時に始まる
(13)「で」a．部屋で勉強する　／　外で遊ぶ
　　　　　b．木で机を作る　／　紙で飛行機ができる
　　　　　c．英語で話す　／　ペンで書く
　　　　　d．ばらで売る　／　千円で買う
　　　　　e．1時間で着く　／　来月で終わる
(14)「と」a．彼と結婚する　／　彼女と離婚する
　　　　　b．彼と会う　／　彼女と約束する
　　　　　c．友人たちと食事する　／　母親と出席する
　　　　　d．「はい」と言う　／　おもしろいと思う
(15)「から」a．駅前から出発する　／　目から涙が出る
　　　　　　b．8時から始まる　／　今日から社会人になる
　　　　　　c．人から注意を受ける　／　友達から本をもらう
　　　　　　d．彼から順に発表する　／　1番から名前を読み上げる
　　　　　　e．ぶどうからワインができる　／　牛乳からバターを作る

　(10)の「が格」は一般に存在や動作・現象の主体を表す。ただし，「水がほしい」「私は映画が好きだ」のように形容詞や形容動詞の対象を表す場合もある（→4項）。

　(11)の「を格」は動作を向ける，与えられた対象を主な意味役割とするが，逆に作りだす対象を表す場合もある。また，場所に関連するものでは，通過する場所やそこから離れる場所，すなわち起点を表す場合もある。

　(12)の「に格」は相手を表すものや，存在の場所や帰着点といった場所に関連するものが主なものとしてあげられるが，結果の状態を表すものや，同じ相手でも出所を表すもの，変化の原因やきっかけを表すもの，さらに時の一点を表すものなどもある。

　(13)の「で格」は動作の場所以外に，材料や手段，方法，単位，そして一定の幅を想定した時間を表すものなどがある。

　(14)の「と格」は相手を表すものが多いが，必ず二人で動作が行われ「に」では置き換えられないような場合の相手，「に」で置き換えても文意が大き

くは変わらない場合の相手，特に二人で行う動作ではなく「～と一緒に」と言い換えられるような場合の相手（連れ）などに分けることができる。また，「～と言う／思う／考える／感じる」などのような言語活動や思考や知覚の内容を表すものもある。

(15)の「から格」は場所や時間的な起点を表すが，物の授受の出所となる人を表す場合や動作・物事の順番を表すものもある。また，製品の原料を表すものもある。なお，「から格」には「親が言っても聞きませんので，<u>先生からおっしゃって下さい</u>」のような動作の主体でありながら「が格」の場合とは意味に違いが生じ，かつ順番の意味とも違うものもある。

一つの格助詞の担う意味役割は複数にわたり，一定のイメージでとらえられるとは限らない。これは，一つには限られた数の格助詞で意味役割を表し分けるため，それぞれが多くの役割を果たさざるを得ないためであり，また，そもそも意味役割というものが名詞と述語との意味関係や文意全体から決められるものなので，各々の格助詞が一般にどのような意味役割をいくつ持っているかなど，厳密に示すことは難しいためである。

2．述語の格支配

以上，与えられた文の中の「名詞＋格助詞」（格形式）が述語に対してどのような意味役割を持つかを中心に見てきた。ここでは，格形式と述語との結び付きに一定の関係があり，述語の側からも，一定の意味役割を持つ格形式を要求する点（格支配）に注目しよう。

〔考えてみよう・5〕

次の各動詞と結び付く格形式(名詞＋格助詞)をできるだけ多く挙げてみよう。

(16) ある　(17) 行く　(18) こわす　(19) 作る　(20) 入る
(21) できる　(22) もらう　(23) 投げる　(24) 驚く　(25) なる

まず主体を表す「が格」からはじまって，動作を向ける対象を表す「を格」，相手を表す「に格」，空間・時に関する起点や着点，通過点の「に格」「で格」「から格」「を格」，道具や手段を表す「で格」，材料や原料を表す「で格」

「から格」，能力の内容を表す「が格」，原因や動機，理由などを表す「で格」「に格」，結果を表す「に格」などを，述語の意味から見て基本となるものから順に，それぞれ当てはめて考えていくとよい。

　ここで大切なことは，日本語母語話者の場合，述語の格形式支配について容易に見当がつくという点である。つまり，それだけこの両者の結び付きはかたいものだと言える。逆に日本語教育では，この点の習得が一つのポイントになる。

3．日本語教育における格支配の応用

〔考えてみよう・6〕

〈　〉に格助詞を入れて文を完成し，各述語がどのような格形式を伴うか確認してみよう。

(26)　大学〈　　〉図書館〈　　　〉ある。
(27)　大学〈　　〉研究会〈　　　〉ある。
(28)　太郎〈　　〉　食堂〈　　〉　中華料理〈　　〉食べる。
(29)　太郎〈　　〉　野菜〈　　〉　中華料理〈　　〉作る。
(30)　子ども〈　　〉　木〈　　〉のぼる。
(31)　子ども〈　　〉　木〈　　〉落ちる。
(32)　兄〈　　〉　弟〈　　〉　お菓子〈　　〉あげる。
(33)　弟〈　　〉　兄〈　　〉　お菓子〈　　〉もらう。

　上の例からは，「〜に〜がある」「〜で〜がある」「〜が〜で〜を食べる」「〜が〜で〜を作る」「〜が〜にのぼる」「〜が〜から落ちる」「〜が〜に〜をあげる」「〜が〜に／から〜をもらう」といった文型が抽出できる。日本語教育ではこれを提示した上で，「〜」の部分にどのような名詞を入れればよいか，それによってどんな文意となるか，などを一つ一つ導入，練習する。（上の〈　　　〉内に入れる格助詞については，これまでに挙げてきたものと同じなので，説明を省く。）

　格は文の骨組みにあたり，文生成において述語とともに基本となるものである。日本語教育では特に初級において，述語と「名詞＋格助詞」との結び

付きに注目した文型が提示され，教育に応用されている。例えば，授受表現を教える場合，教師は口頭により文法説明をするというよりも，「～が～に～をあげる」「～が～から／に～をもらう」「～が～に～をくれる」といった動詞述語と格助詞からなる文型を提示し，「～」の部分に適宜いろいろな名詞を入れながら，文意とともに導入，練習するのが一般的である。

　こうした方法は日本語の格表示の特徴をよくとらえることができるが，述語の意味や，名詞と述語の格関係を正確に把握して，適切に名詞を選ぶように十分注意を払う必要がある。

4．動詞以外の語との格関係

　格は名詞と動詞の関係にとどまらない。

─〔考えてみよう・7〕─────────
　次の下線部の格形式はあとの語に対してどのような意味役割を持っているか，考えてみよう。

(34)　パソコンが　ほしい。　　(37)　私の　コート
(35)　東京で　一番有名だ。　　(38)　日本語の　教科書
(36)　彼が　犯人だ。
─────────────────

　格関係は名詞と動詞以外に，形容詞述語，形容動詞述語・名詞述語においても認められる。(34)は「が格」が「ほしい」の対象を，(35)は「で格」が「一番有名だ」が成り立つ空間的な範囲を，(36)は「が格」が「犯人だ」と同定できる主体をそれぞれ表している。また，述語句との関係ではないが，名詞と名詞の関係も広い意味で格に含めることも多い。上の(37)(38)は下線部があとの名詞を説明（→第5章）する意味役割を持っている。格は格助詞と動詞述語との関係が中心となるが，このような，それ以外の場合についても注目したい。

5．格助詞の不在

　格助詞は日常的な会話などでは，特に必要とされなければ省かれることがある。また，あえて格助詞を付けない方がむしろ自然となる場合もある。

─[考えてみよう・8]──────────
　次の各文の格助詞は省くことが可能か，あるいは省いた方がよいか，考えてみよう。
　(39)「どこに行くの？」「銀行に行くの」
　(40)「どこから来たの？」「香港から」
　(41)（喫茶店で）「何を飲もうか？」「ビールにする」
　(42)「先生，このお菓子をさしあげます。」
　(43)「おかげさまで，私が来月結婚するんです。」

　現代語の場合，書き言葉の特に叙述の文章においては，格助詞はほぼ規則的に付けられる。しかし，ごく日常的な話し言葉では，可能なら格助詞を付けない傾向にある。このことは，漫画のふきだしの言葉を見ても明らかであろう。上で言うと，(39)の帰着点の「に格」や，(41)の動作をむける対象を表す「を格」などはそのような例である。この場合，わざわざ格助詞を付けて言うと妙に改まった印象となる場合すらある。

　これに対し，(40)の起点の「から格」や(41)の結論を示すような「に格」となると，格助詞を付けないと文が不適格となる。このように，格助詞を省く現象は会話において起こりやすいと言えるが，実際には制限があることがわかる。

　一方，(42)や(43)のように，いくら改まった場面であっても，眼前の物や話し手本人についてあえて格助詞を付けると，助詞の前の名詞を「他ならぬこの～」というようにとりたて過ぎる感じが生じ，不適切となることがあるので注意が必要である。

　なお，この問題を考える際には，古典語の用法を理解し比較することが不可欠である（→第2節）。

6．格を考える上での留意点
a．「は」は格助詞ではない。

─[考えてみよう・9]──────────
　次の各文の下線部の「は」を使わないとしたら，どんな格助詞を入れ

たらよいか，考えてみよう。

(44) 私は　日曜日は　教会に行く。

(45) コーヒーは　よく飲むが，紅茶は　ほとんど飲まない。

　上の(44)の「私は」の「は」は，動詞「行く」の動作主体を表しているように見える。しかし，もしそうならば「日曜日は」や(45)の「コーヒーは」「紅茶は」の「は」も同様に動作主体を表すことになってしまう。結論を先に言うと，「は」は格助詞ではなく，もとの格助詞に重なって，あるいはそれにとって変わって現れる係助詞である。(44)で言うと，「(私)は」はもとの「が」にとって変わったもの，「日曜日は」の「は」は「日曜日(に)」に重なって，しかも「に」がとれたものであり，(45)の「は」は「を」にとって変わった「は」である。では「は」に変わったり，「は」が付いたりするのはなぜだろうか。それは「は」の前の名詞を主題化したり，とりたてるためである。これについては第10章で取り上げる。

b. 連用修飾としての格

　格形式の意味役割を，名詞の意味と述語や文意から判定することは，格形式がどのような連用修飾（→第4章）の機能を持っているかを判定することと同義である。例えば次の(46)の副詞「ゆっくり」の，動詞「歩く」に対する連用修飾機能は，(47)の格形式「早足で」の，動詞「歩く」に対する機能と同様だと言える。

(46) ゆっくり（副詞）　歩く

(47) 早足（名詞）　で（格形式）　歩く

　この章では近年の慣例に従い，連用修飾のうちの「名詞＋格助詞」について「格」として取り上げたが，格形式は広くは連用修飾の一つであり，いわゆる副詞の機能とも連続性があることと，意味役割とは連用修飾の仕方の下位分類であることを理解しておく必要がある（→第4章）。

c. 格関係と態

　述語動詞に接尾辞や助動詞が付くと，格関係が変わる場合がある。次は基

本の例である。

(48) こどもが　ご飯を　食べる

動詞「食べる」が推量のモダリティ形式「だろう」を伴っても，格関係は変わらない。

(49) こどもが　ご飯を　食べる－だろう

この点でも，格はモダリティに関わるのではなく，命題内部に関わる問題であることがわかる（→第1章）。

(50) 母親が　こどもに　ご飯を　食べ－させる。

これに対して，上の(50)の場合は，「食べさせる」という「食べる」の未然形に使役の助動詞「(さ)せる」が付いた形式全体が述語となって，各格形式と新たな格関係をなしている。もしも，(48)(49)のように「食べる」だけで格関係を考えると，(50)のように「こどもに」という「に格」の形式は出てこないはずである。このように接尾辞を付けて複合的な述語とすることにより，新たな格関係を作りだす文法形式を態（voice）という（→第7章）。

【問題】
次の英語と和訳文を比較して，格の表示のし方と意味役割の違いを確認せよ。

① I get a letter from him.
　私が彼から手紙をもらう。
② John loves Mary.
　ジョンがメアリを愛している。
③ Mother makes him a doctor.
　母が彼を医者にする。

第2節　古典語の格

1．格と意味役割

　古典語においても，現代語と同様の格表示が認められる。すなわち，文中の名詞が，述語句の中心となる動詞や形容詞，形容動詞などの用言と，どのような意味的関係にあるか（格）は，主に格助詞によって示されている。

〔考えてみよう・1〕

　次の例文を読んで，下線部の「名詞＋格助詞」が述語に対してどのような意味役割を担っているか考えてみよう。

(1) 隆家こそいみじき骨は得て侍れ。それを張らせて参らせむとするに〈私隆家こそ，すばらしい（扇の）骨を手に入れております。それを（紙を）張らせてさしあげようとおもいますが〉（枕草子　中納言まゐり給ひて）

(2) このうたどもを，ひとのなにかといふを，あるひときゝふけりてよめり。〈これらの歌を人があれこれ批評するのを，ある人がじっと聞いていて歌を詠んだ。〉（土左日記　一月十八日）

(3) 大津より浦戸をさしてこぎいづ。〈大津から浦戸をめざしてこぎ出した。〉（土左日記　十二月二十七日）

(4) つとめてになりて，ひまなくをりつる者ども，ひとりふたりすべりいでて往ぬ。〈翌朝になって，すきまなく控えていた者たちも，一人二人とこっそり退出していってしまう。〉（枕草子　すさまじきもの）

(5) 物語・集など書き写すに，本に墨つけぬ。〈物語や歌集などを書き写す時に，もとの本に墨をつけない。〉（枕草子　ありがたきもの）

(6) ほととぎすのよすがとさへおもへばにや，なほさらにいふべうもあらず。〈（その上）ホトトギスのゆかりとまで思うからであろうか，ますますいうこともできないくらいすばらしい。〉（枕草子　木の花は）

(7) かぐや姫，「よきかたちにもあらず，いかでか見ゆべき」と言へば〈かぐや姫は，「容貌がすぐれているわけでもありません。どうして（御門の使者に）お目にかかれるでしょうか」と言うので〉（竹取物語

御門の求婚)

(8) 上の判官蔵より出て、馬に乗て検非違使共の有る所に打寄て〈上の判官は蔵から出て、馬に乗り、検非違使のいる所に近寄って〉(今昔物語集　巻29第1話)

(9) この馬、ぬしの別をしたひつ、しばしは船をもはなれやらず、沖の方へおよぎけるが、しだいに遠くなりければ、むなしき汀におよぎかへる。〈この馬は主人との別れを惜しみながら、しばらくは船を離れずに、沖の方へ泳いで行ったが、(船が)しだいに遠くなったので、主人のいない岸辺に泳いで戻った。〉(平家物語　9・知章最後)

(10) あやしくかればみさわぎたるこゑにて、「さぶらはむはいかに、いかに」と、あまたたびいふ声にぞおどろきて見れば〈妙にしわがれたそうぞうしい声で、「そちらにあがってはいけませんか、いけませんか」と、何度も言う声に目がさめて、見てみると〉(枕草子　大進生昌が家に)

　(1),(2)の「それ」「このうたども」はそれぞれ、「張る」「なにかといふ」の動作対象であり、それを「を」で表している。(3)の「大津」「浦戸」は、それぞれ「さし(て)」の「さす」の起点、および目的の場所であり、それを格助詞「より」「を」で表している。(4)の「つとめて」は「なりて」の「なる」の結果であり、「に」で表している。(5)の「に」は、「本」が「墨つく」の結果の場所であることを表している。(6)の「ほととぎすのよすが」は「おもふ」の内容であり、それが「と」で示されている。(7)「よきかたちにもあらず、いかでか見ゆべき」はかぐや姫の「いふ」の内容であり、それを「と」で示している。

　(8)以降は複数の格が現れる。(8)の「蔵」は「出る」の起点であり、「より」で示している。「馬」および「検非違使の有る所」は、それぞれ「乗る」、「打寄る」の帰着点であり、それぞれ「に」で表している。(9)の最初の「名詞＋を」は先の例と同様であるが、「船」は「はなれる」の起点となっており、「を」で表されている。「沖の方」は「およぐ」の方向を「へ」で示し、「汀」は「およぎかへる」の帰着点を「に」で示している。(10)の「あやしく

かればみさわぎたるこゑ」は「いふ」の付帯的な状況であり，それを「にて」で示しており，「さぶらはむはいかに，いかに」は「いふ」の内容であり，「と」でそれを示している。また，「あまたたびいふ声」は「おどろく」の原因となっており，「に」でそれが示されている。

2．格助詞「に」と「へ」

格助詞「に」と「へ」は，それぞれ多くの意味・用法を持っているが，まぎらわしい用法も見られる。それは格助詞「に」の場所を示す用法と，「へ」の方向を示す用法とに関するものである。ここでは主に格助詞「へ」を取り上げてみよう。「へ」の本来の用法は方向を示すことにある。

---〔考えてみよう・2〕---

次の下線部の「名詞＋へ」は述語に対してどのような意味役割を持っているか，考えてみよう。

(11) さる所へまからむずるも，いみじくはべらず。〈そういう月の国へ行きますのも，うれしくもございません。〉（竹取物語　かぐや姫の昇天）

(12) 秋は夕暮れ。夕日のさして山のはいとちかうなりたるに，からすのねどころへ行くとて，みつよつ，ふたつみつなどとびいそぐさへあはれなり。〈秋は夕暮れである。夕日がさして，山の稜線がとても近くなっている頃に，からすがねぐらへ飛んでいこうとして，三つ四つ，二つ三つなど飛んで急いで帰るのまで，しみじみと情趣深い。〉（枕草子　春はあけぼの）

(13) 「此れは様有る事也けり。暫く此の追捕不可被行ず。可奏き事有」と云て，内へ参りぬ。〈「これは理由のあることであった。しばらくこの逮捕を行ってはならない。奏上すべき事があるのだ」と言って，参上した。〉（今昔物語集　巻29第1話）

(14) 家へも帰りつかぬははや桑下にて約をなさんとす〈自宅へも帰り着かないうち，もう桑の木のもとで約束を結ぼうとする〉（中華若木詩抄下）

(15) 星の出る時たひやへ落ちつくそ。〈夕暮れ，星が空に見える時，旅宿に到着したぞ。〉（中華若木詩抄　中）

⑾⑿の「名詞+へ」は方向を表している。この場合，動詞は「まかる」「行く」のような，今いる場所から離れていく意味を持つものに限られていた。しかし，院政時代からすべての移動性の意味を持つ動詞とともに用いられるようになり，さらに，⒀のように「参る」という参上する意味を持つ動詞とともに用いられる例も現れてきた。その後，⒁や⒂のように「名詞+へ」にも「名詞+に」と同様，帰着点を示す用法が生じてきた。

3．格助詞「の」と「が」

　古典語では，名詞に下接して，それが動作や作用，あるいは存在の主体であることを明示する助詞に，「の」と「が」がある。

　しかしながら，この「の」「が」の使用には大きな制約があった。

　○昔，男がいた。

　○ほととぎすが鳴いて渡る。

――〔考えてみよう・3〕――――
　上の現代語の例文二つは，古典の一節の現代語訳である。これを古典語に訳し直すとしたら，どうなるだろうか。
――――――――――

　「昔，男がいた」は，伊勢物語の各話の冒頭によく見られる表現の現代語訳だが，原文は「昔，男がありけり」ではなく，「昔，男ありけり」である。後者の例は源氏物語の花散里という巻からとったが，やはり「ほととぎすが鳴きて渡る」ではなく，「ほととぎす鳴きて渡る」とある。実は奈良・平安時代，動作主体等を表示する，いわゆる主格用法の「の」「が」は，普通に終止形で終止した文には見られないのである。

　主格表示の「の」「が」の多くは，次のような文で使用されている。

⒃　阿倍の島鵜の住む磯に寄する波間なくこのころ大和し思ほゆ〈阿倍の島の鵜の住む磯に絶え間なく寄せる波，その波の間のないように，この頃は絶えず大和のことが思われる。〉（万葉集　3・359）

⒄　家思ふと眠を寝ず居れば鶴が鳴く葦辺も見えず春の霞に〈家を思い眠れずにいると，鶴が鳴く葦のあたりも見えない。春の霞のために。〉（万葉集　20・4400）

(18) 京へ帰るに，おんなごのなきのみぞ，悲しび恋ふる。〈京へ帰るのに，娘のいないことだけを，悲しみ恋しく思う。〉(土左日記　一二月二七日)

(19) わがかう思ふも心憂し。〈私がこんなふうに思うのも情けない。〉(源氏物語　花宴)

(20) 山の峡そことも見えず一昨日も昨日も今日も雪の降れれば〈山と山との間のところがそこだとはっきり見えもしない。一昨日も昨日も今日も雪が降り続いているので。〉(万葉集　17・3924)

(21) ほととぎす間しましおけ汝が鳴けば我が思ふ心いたもすべなし〈ほととぎすよ、間を少しおいて鳴け。おまえが鳴くと、私の物思う心が、もう何ともしようがないよ。〉(万葉集　15・3785)

(16)(17)は，連体修飾節中の主格の表示に「の」「が」が用いられたものである。(17)を例にとれば，「鶴が鳴く」は後続の「葦辺」を修飾しているのであって，ここで文が終止しているわけではない。(18)(19)は，訳からわかる通り，現代語では「こと」や「の」を用いる準体節中の例である。(19)で言えば，「わがかう思ふ」が一つの名詞に準じた扱いになっているもので，終止形で言い切った文の主格でない点，(16)(17)と同様である。(20)(21)は，順接の条件表現中の主格にあたる名詞に「の」「が」が付いた例である。やはり，言い切りの文の主格に用いられたものではない。なお，(21)には連体修飾節中の「が」も見られる。

このほかにも，主格表示の「の」「が」の見られる文にはいくつかのパターンがあるのだが，(16)～(21)と同じく，終止形で言い切った文には認められない。

(22) 見むと言はば否と言はめや梅の花散り過ぐるまで君が来まさぬ〈見ようともしおっしゃれば、いやだなどと申しましょうか。梅の花が散り去るまで、あなたがいらっしゃらずにいたことよ。〉(万葉集　20・4497)

(23) かくなむ御門の仰せたまへる。〈このように御門が仰せになった。〉(竹取物語　御門の求婚)

(22)は，言い切りの述語部分と関係する主格に「が」が用いられてはいるが，連体形終止の構文であるし，(23)も，「なむ」の係り結び構文の主格に「の」が見られるもので，終止形終止文の例ではない。

なぜ古く「の」「が」にこのような分布上の偏向があったのかについては，

もともと「の」「が」は主格を表示する働きを持った助詞ではなく，上接名詞を後続名詞と関係させる連体助詞だったとする論がある。「雨の日」「我が国」等を本来の用法と考え，この「名詞＋の／が＋名詞」から「名詞＋の／が＋活用語連体形＋名詞」の形が生じ，「の」「が」の主格表示用法が生まれたと見るのである。例えば，「名詞＋が＋名詞」である「君が道」（あなたの道）の「道」に，「行く」という動詞を修飾語として用いると，「君が行く道」と言う「名詞＋が＋活用語連体形＋名詞」型の表現が成立する。これは本来，「君が道」かつ「行く道」と言う関係で，「君」「行く」それぞれが「道」を修飾していたのであるが，「君」が「行く」という行為の主体であるため，次第に「君」と「行く」との結び付きが強く意識されていき，ついには「君が行く」が「道」を修飾すると把握されるに至ったと推測するわけである。こうして，連体修飾節中の「主格＋の／が」の用法が生まれたことになる。

　古くは「の」だけでなく「が」にも連体用法が多いから，そこから連体節中の主格に付く用法が生じ，さらに準体節中や連体形終止文中にも使用されるようになるというのは，納得できる展開である。ただ，順接の条件表現中の主格を示す用法は連体の機能と結び付きにくい等の疑義も出されており，もともと連用（主格用法）・連体に関わらず，上接名詞を関係先の語と強く結び付ける性質の助詞だったと見る論もある。

　いずれにせよ，「の」「が」が終止形終止の文の主格に立つ名詞に下接した例が目に付くようになるのは，中世頃からである。

(24)　その人の許に年ごろありける侍の，妻に具して田舎へ去にけり。〈その人の許に長年仕えていた侍が，妻と一緒に地方へ去ってしまった。〉（宇治拾遺物語　5・8）

(25)　またの日，つとめて，若狭阿闍梨覚縁といふ人，歌詠みなるが来たり。〈翌日早朝，若狭阿闍梨覚縁という，歌詠みである人がやってきた。〉（宇治拾遺物語　3・10）

　ところで，先の(22)のようないわゆる連体止めの文は，和歌で詠嘆の表現に使用されるものだったが，平安時代になると，物語等の会話文で，聞き手に何かを説明するような場面に用いられた例が目立ってくる。

(26)　雀の子を犬君が逃がしつる。〈雀の子を犬君が逃がしちゃったの。〉（源氏

物語　若紫）

　連体形終止の文は次第に特殊なニュアンスを伴わずに使用されるようにもなり，中世には，連体形による言い切りは，終止形終止に換わって，文を終止する際の一般的な形になっていく。
　ところで，「の」「が」の主格表示用法は，終止形終止文には見られないが，連体形終止文には認められるものであった。上の(26)にも，「主格＋が」が見出せる。連体形による言い切りが一般化したと言うことは，この形が新しい終止形になったと考えてよいだろう。これは，主格を示す「の」「が」も終止形終止文に使用されるようになることを意味する。先の(24)(25)のような例も，この流れの中で現れたものととらえるべきかもしれない。
　「の」「が」の主格を示す用法の発達については，種々の要因を検討する必要があるが，連体形終止法の一般化が，現在の「雨が降る」のような，ごく普通の「主格に立つ名詞＋が＋述語終止形」という構文の成立に大きく関わっていることは，十分考えられよう。
　なお，時代が下ると，主格を表す用法は「の」よりも「が」が優勢になり，連体用法は「の」が「が」を圧倒していく。近世後期には，主格に付く「の」の例はほとんど連体節等の従属節中にかぎられ，主格表示は「名詞＋が」に落ち着く。逆に，連体用法では「が」が衰退し，現代語同様，もっぱら「の」が用いられることになる。
　このように，「の」「が」の文法的な働きには，もともと大きな差がなかったのであるが，では，古典語の「の」と「が」には，他の点での相違はなかったのだろうか。
　格の問題からは外れるが，実は，「の」「が」はその上接名詞に違いが認められる。奈良時代の資料では，「の」の上接名詞が，人を指す「大君」「みこと」や地名，動植物名，あるいは自然物の「山」「川」「雨」といったように幅広い中で，同じく人を指す「妹」「我妹子」「背子」「我背子」「母」「君」，一人称の「あ」「わ」等には「が」の方が付く。これについては，心理的に距離がありソト扱いされるものに「の」が，親愛感があるなどしてウチ扱いされるものに「が」が下接したと見る説があり，そこに尊卑の別を見出そうとする論もある。後代になると，宇治拾遺物語（巻7第2話）の，「さたが

衣を脱ぎかくるかな」と詠んだ歌をよこされた佐多という男が激怒しての，「『さたの』とこそ言ふべきに」と言う発言や，準体用法の例になるが，同じ文献の巻1第10話，自分の歌が評価されなかった秦兼久が，批判された表現は世に評判の四条大納言の歌にもあるとして憤慨した際の，「いかなれば四条大納言のはめでたくて，兼久がは悪かるべきぞ」と言う，自分には「が」を，四条大納言には「の」を用いた発言など，「が」が軽卑感を伴ったことがうかがわれる例も見られる。さらに用例を検討していくべきであるが，「の」「が」の選択に，その上接名詞をどのように扱うかといった表現主体の意識が関わっていたことは，認めてよいだろう。現代語でも，「が」にはない丁寧さを「の」に認める方言のあることが，報告されている。

4．格助詞の不介在

現代語では，

○飛行機が飛び立った。

○彼がこの小説を読んだ。

のように，一般に「名詞＋が」で動作の主体を表したり，「名詞＋を」で動作の対象を表すが，これらの助詞に関しては，特に口語の場合「が」や「を」を用いないでも，文として成り立つことが指摘されている（→第1節）。古典語をたどってみると，この現象は文体に関わらず一般的に見出せる。すなわち，これらの格助詞は，省略というよりもむしろ伴う必要がなかったと言ってよいということがわかる。以下，具体的に見てみよう。

──［考えてみよう・4］──────────

次の各例文には上記のように格助詞を表示しない現象が見られる。それはどこか，仮に格助詞を入れるとしたら，どのような格助詞が入るのか考えてみよう。

(27) いまは昔，竹取の翁といふもの有りけり。〈今ではもう昔のことであるが，竹取の翁というものがいたのである。〉（竹取物語　かぐや姫の生ひ立ち）

(28) 汝（なんじ）が持ちて侍るかぐや姫たてまつれ。〈お前（竹取の翁）が持っているかぐや姫を献上せよ。〉（竹取物語　御門の求婚）

(29) よね，いをなどこへば，おこなひつ。〈米や魚などを求めるので，与えた。〉(土左日記　二月九日)

(27)の「竹取の翁といふもの」は「有りけり」の存在の主体である。したがって，あとに「が」がきてもよいはずである。また，(28)の「かぐや姫たてまつれ」の「かぐや姫」は，「たてまつ（る）」動作の対象を表しているので，格助詞「を」が付いてよい。このような場合の格助詞「が」や「を」は，古典語においては，もともと必須とされていなかったのであり，この点が現代語でよく「省略」などと呼ばれる現象につながっているわけである。

(29)も同様に，「『よね，いをなど』を『こへば～』」，と「を」を入れることができるが，用いられていない。

ただし，古典語の場合，名詞とともに動作主体や対象を表す「が」や「を」が，つねに用いられないかというと，そうとは限らない。次はその例である。

(30) （正月一日ハ）世にありとある人は，みなすがたかたち心ことにつくろひ，君をも我をもいはひなどしたる。〈（正月一日は）世の中にいるすべての人は，皆身なりや顔を格別によそおい，主君をも，また，自分をも祝いなどしている。〉(枕草子　正月一日は)

上の例では，「を」を用いて「『みなすがたかたち』を『心ことにつくろい』」，のようには記していないが，同じ文の後半では，「君をも我をもいはひなどしたる」と，「を」が使用されている。

──〔考えてみよう・5〕──────────

(30)と同様に格助詞が用いられたり，用いられなかったりする現象を次の例文で確かめてみよう。

(31) 男も，女も，わかくきよげなるが，いとくろき衣(きぬ)着たるこそあはれなれ。〈男も女も年が若くきれいなひとが，たいそう黒い着物を着ているのはしみじみと趣深い。〉(枕草子　あはれなるもの)

(32) 中の柱に寄りゐて，脇息(けふそく)のうへに経(きやう)をおきて，いと，なやましげに読みゐたる尼君，ただ人と見えず。〈へやの中央の柱に寄ってすわり，脇息の上に経文を置いて，とても大儀そうに読んでいた尼君は，普通の人とは見えない。〉(源氏物語　若紫)

現代語と同様，格助詞が用いられない現象は，どの格助詞についてもあてはまるわけではない。例えば，連体修飾の「の」や「が」，および「より」「から」「にて」などは必須である。とはいえ，格助詞がもともと用いられない例が多々見つかることは，古典語の大きな特徴の一つである。ただし，時代とともに格表示を明確にする意識が高まっていく傾向にある。確かに現代語の話し言葉では，「が」や「を」などの格助詞を使用しないのが一般的になっているようだが，文章においては，逆にこうした格助詞を用いる方が一般的であると言ってよいだろう。

第4章　連用修飾

第1節　現代語の連用修飾

1．連用修飾とは何か

「修飾」という用語は，文法では「ものや事柄，動きなどがどんな様子かを，説明や限定等をして表現する」という意味で使われる。修飾には，動詞や形容詞，形容動詞などの用言を修飾する連用修飾と，体言を修飾する連体修飾(→第5章)とがある。ここでは連用修飾を取り上げる。

―〔考えてみよう・1〕――――――――――――――――
　次の文の「ゆっくり」「おいしい」はどの語を修飾しているか考えてみよう。
　(1)　ゆっくりおいしい紅茶を味わう。
　　　さらに，(1)と次の(1)'との違いは何か考えてみよう。
　(1)'　ゆっくりおいしく紅茶を味わう。

　上の例文(1)を分析してみると，副詞「ゆっくり」は動詞「味わう」を連用修飾し，形容詞「おいしい」は名詞「紅茶」を連体修飾し，さらに「おいしい」と「紅茶」がひとまとまりの名詞句となり，「を」を伴って「味わう」の対象を表す「を格」となり，動詞「味わう」を連用修飾していることがわかる。このことは，次のように図示できる。

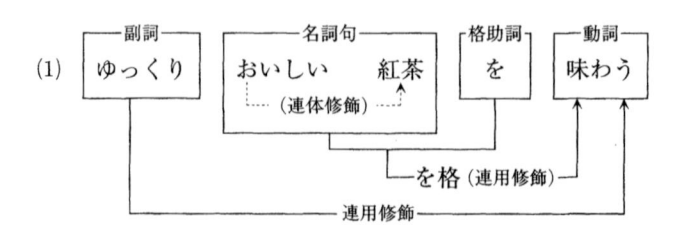

```
              ┌─副詞─┐ ┌──名詞句──┐ ┌格助詞┐ ┌─動詞─┐
      (1)    │ゆっくり│ │おいしい　紅茶│ │　を　│ │味わう│
              └───┬─┘ │ (連体修飾)  │ └───┬┘ └───┬┘
                   │    └─────────┘       │        │
                   │              └──を格 (連用修飾)─┘        │
                   └──────────連用修飾──────────────┘
```

これに対し，(1)' は次のようになる。

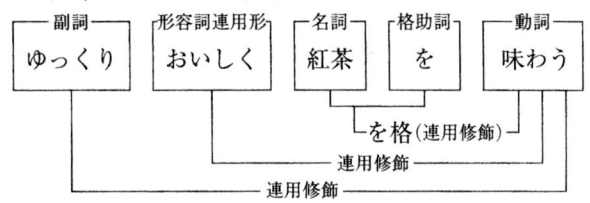

```
┌─副詞─┐ ┌形容詞連用形┐ ┌─名詞─┐ ┌格助詞┐ ┌─動詞─┐
│ゆっくり│ │ おいしく │ │ 紅茶 │ │  を  │ │ 味わう│
└────┘ └──────┘ └────┘ └───┘ └────┘
                          └─を格(連用修飾)─┘
                  └────連用修飾────┘
  └──────────連用修飾──────────┘
```

　(1)と(1)'との違いは，一つには「を格」の名詞の違いである。すなわち，(1)は何を味わったかと言うと「おいしい紅茶」であり，(1)'は「(特に言及されない)紅茶」である。ここにそれぞれ動詞と連用修飾が加わって，(1)はそれを「ゆっくり」味わい，(1)'は「ゆっくり」そして「おいしく」つまりおいしいものとして，味わったと言うのである。このように，連体修飾がその事物がどのような属性を持つか，という側面から表現するのに対し，連用修飾はその動作，作用がどのようにして実現するかという側面から表現すると言える。

　現実的には(1)と(1)'は同じような状況を指して言うこともあるかもしれないが，(1)'のバリエーションとして，

　(1)"こうすれば，安い紅茶をおいしく味わうことができます。

のような文が考えられる以上，連用修飾と連体修飾は，必ずしも表裏一体の関係にあるとは簡単には言えない。

　なお，上のように連用修飾する語（「ゆっくり」「おいしい紅茶を」）を連用修飾語，連用修飾を受ける語（「味わう」）を被連用修飾語と言う。日本語では，連用，連体ともに修飾語は常に被修飾語の前の位置にくる。

　なお，本書では「名詞＋格助詞」の格形式をとるものを「格」として取り上げ，ここではそれ以外の連用修飾を取り上げるが，文の構造から見れば格もまた連用修飾の一つである。ただし，格は「何が」「何を」「何で」「どこに／で／を」などのように，述語と意味的に深く結び付いた名詞を中心に，具体的でより必須の情報を提供する傾向があるのに対し，格以外の連用修飾はそれに比べより表現的で，恣意的に加えられる情報を提供する傾向があることも留意しておこう。

2．連用修飾をする品詞

連用修飾をする語は「ゆっくり」のような副詞，あるいは「おいしく」のような形容詞の連用形とはかぎらない。

〔考えてみよう・2〕

下線部の連用修飾語がどのような品詞か，またどのような活用形となっているか考えてみよう。

(2) <u>のんびり</u> 暮らす　　(5) <u>走って</u> 行く
(3) <u>楽しく</u> 遊ぶ　　　(6) （りんごを）<u>一つ</u> 買う
(4) <u>静かに</u> 聞く

連用修飾をする語には，(2)の副詞や，(3)の形容詞の連用形，(4)の形容動詞の連用形，(5)の動詞の連用形（テ形），(6)の数量詞などがある。

副詞は活用しない自立語で，連用修飾を主たる機能とする品詞である。形容詞，形容動詞，動詞は述語になる機能と連体機能などをあわせ持つ。数量詞は名詞としても機能するが，あとに「の」を伴って連体修飾をするばかりでなく，(6)のように格のあとに置かれて単独で副詞として機能するという特徴を持つ（→第5章）。

なお，名詞の場合は，主に「名詞＋格助詞」の格形式で連用修飾をする（→第3章）。

3．連用修飾の基本的な型

連用修飾は述語の用言だけを修飾するわけではない。

〔考えてみよう・3〕

次の下線部はあとのどの語を連用修飾しているか考えてみよう。

(7) <u>ゆっくり</u> 歩く　　　　(10) <u>一所懸命</u> 静かに 歩く
(8) <u>ゆっくり</u> 静かに 歩く　(11) <u>とても</u> 静かな 歩き方
(9) <u>とても</u> ゆっくり 歩く

連用修飾は，大きく分けて，
(a)述語の用言（動詞，形容詞，形容動詞，名詞＋助動詞（「だ」），用言＋助

動詞) を修飾する場合 ((7)(8);(8)は連用修飾の並列)
(b)すでに連用修飾している用言をさらに修飾する場合(9) (このような連用修飾の場合は,「とても／大変／ずいぶん／かなり／なかなか／相当」などの程度副詞と呼ばれるものがくることが多い。)
(c)連用修飾＋述語全体を修飾する場合(10)
(d)連体修飾をしている用言を, さらに修飾する場合(11)

などがある。すなわち, 下記のようになる。

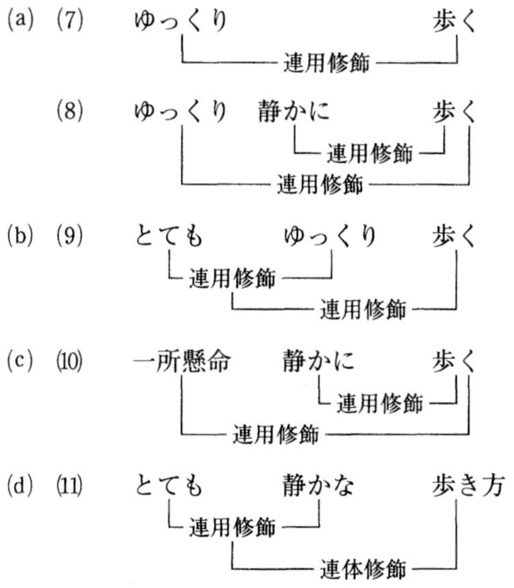

(a) (7) ゆっくり　　　　　歩く
          └───連用修飾───┘

    (8) ゆっくり　静かに　　歩く
                └─連用修飾─┘
          └────連用修飾────┘

(b) (9) とても　　ゆっくり　歩く
          └─連用修飾─┘
                └───連用修飾───┘

(c) (10) 一所懸命　静かに　　歩く
                    └─連用修飾─┘
          └────連用修飾────┘

(d) (11) とても　　静かな　　歩き方
          └─連用修飾─┘
                └────連体修飾────┘

4．連用修飾語とモダリティ形式を伴う被修飾語

　ここまでは単独の品詞からなる用言への連用修飾について見てきた。次に述語の用言にモダリティ形式 (→第2章, 第9章) が付いた場合の連用修飾について見てみよう。

┌─〔考えてみよう・4〕──────────────
│　次の下線部の連用修飾語はどの語を被修飾語としているか, 考えてみよう。
│　(12) たぶん明日はよく晴れるだろう。
│　(13) 彼女は今にも泣きそうだ。

(14) どうぞお座り下さい。
(15) 私はこういう音楽があまり好きではない。
(16) 風邪がなかなかよくならない。

　上の例の連用修飾語は述語の中心となる用言だけを連用修飾しているのではなく，意味的にはモダリティ形式と呼応して，統語論的には述語とそれに続くモダリティ形式全体を連用修飾している。

　例えば，(12)の「たぶん」は意味的には推量のモダリティ「〜だろう」と呼応しているが，統語論的には「明日よく晴れるだろう」全体を連用修飾していると考えられる。「たぶん」が「だろう」だけを修飾しているとは言えないのは，「だろう」は前接の用言「晴れる」とともに不可分の述語をなしているためであり，この点は日本語の述語の大きな特徴であると言える。

　「たぶん」の連用修飾に対し，「明日」と「よく」は直接「晴れる」だけを修飾している点で，「たぶん」とは修飾の仕方が違うことがわかる。このことは次のように図示できる。

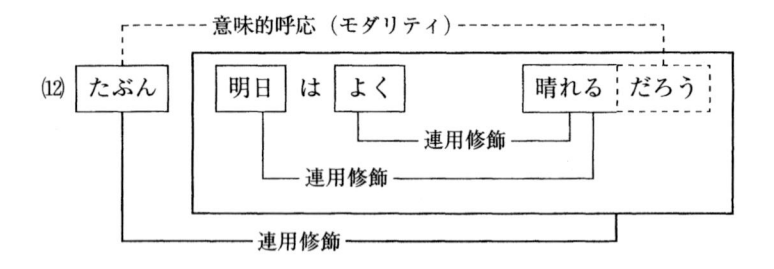

```
          ┌------ 意味的呼応（モダリティ）------┐
          ┆                                    ┆
(12) │たぶん│ │明日│は│よく│    │晴れる│┆だろう┆
                         └─連用修飾─┘
              └─────連用修飾─────┘
     └──────────連用修飾──────────┘
```

　同様に，(13)の「今にも」は実現が差し迫った様態にあることを表すモダリティ「〜そうだ」と呼応して「彼女が泣きそうだ」全体を修飾しており，(14)の「どうぞ」は勧めのモダリティ「お〜下さい」と呼応して，「お座り下さい」全体を修飾していると考えられる。また，(15)の「あまり」は否定のモダリティ「ない」と呼応して，「私はこういう音楽が好きではない」こと全体を修飾しており，同様に(16)の「なかなか」は「ない」と呼応して，「風邪がよくならない」を連用修飾しているととらえることができる。なお，主題の「は」の扱いについては後述する。

5．呼応からみた文の階層構造と連用修飾

上で見た意味的な呼応関係について，今まで取り上げた連用修飾の枠をもう少し広げて調べてみると，文中の語が他のさまざまな語と互いに呼応の関係を持ち，全体で同心円的な階層構造をなす傾向が見えてくる。

〔考えてみよう・5〕

次の各語がそれぞれ文中のどの語と呼応関係にあるか考えてみよう。
(17)　おい　おそらく　昨日　山田が　現場に　来た　に違いない　ぞ。
(18)　あの　ぜひ　また　いらっしゃって　下さい　ね。

上の文の呼応関係を分析してみると，述語を中心として内側から外に向かう同心円の階層構造をなす傾向がみとめられる（→第2章）。すなわち，下記のようになる。

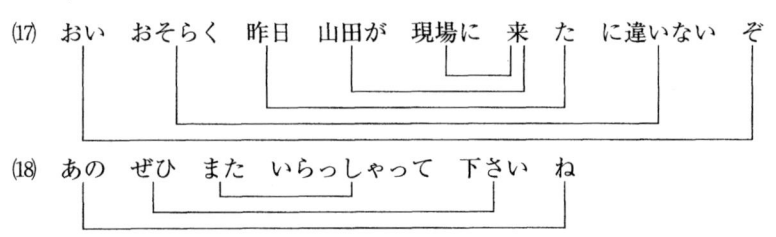

(17)　おい　おそらく　昨日　山田が　現場に　来た　に違いない　ぞ

(18)　あの　ぜひ　また　いらっしゃって　下さい　ね

6．従属節による連用修飾

連用修飾は単独の語でなされるとはかぎらない。

〔考えてみよう・6〕

次の文の下線部を連用修飾しているものはどれか，考えてみよう。
(19)　徹夜して，とても<u>疲れた</u>。
(20)　頭が痛いので，学校を<u>休む</u>。
(21)　こうすれば，うまく花の写真が<u>撮れる</u>。

---

(19)はこれまで見てきた連用修飾からすると，「疲れた」を修飾するのは「とても」ということになる。しかし，それだけではなく，「徹夜して」は「とても疲れた」の原因として連用修飾していると考えることができる。このことは「徹夜で」と格形式を使って言い換えられることからも明らかである。

⒇も「頭が痛いので」が同様に「休む」を修飾しているととらえられるが，この場合も格形式「頭痛で学校を休む」と言い換えが可能である。

(21)は次のように図示できる。

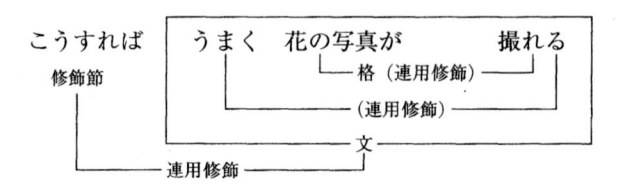

```
こうすれば    うまく  花の写真が    撮れる
修飾節                  └─格（連用修飾）─┘
                        └──（連用修飾）──┘
                  └──────文──────┘
     └─────連用修飾─────┘
```

　一般に複文の従属節は，主節に対する連用修飾と呼ばれないことも多いが，上の例文の構造，および「この方法で」と格形式で意味的な言い換えができることからもわかるように，連用修飾と同様の性質を持っていると言うことができる。なお，従属節による連用修飾には，条件・原因・理由・付帯状況などを表すものなど，種類が多い。

例　(22)　何度も読めば，理解できる。（条件）

　　(23)　母親に叱られたので，子どもが泣いている。（原因・理由）

　　(24)　音楽を聞きながら，勉強する。（付帯状況）

7．様態や結果を表現する連用修飾
a．動きの様態を表す連用修飾

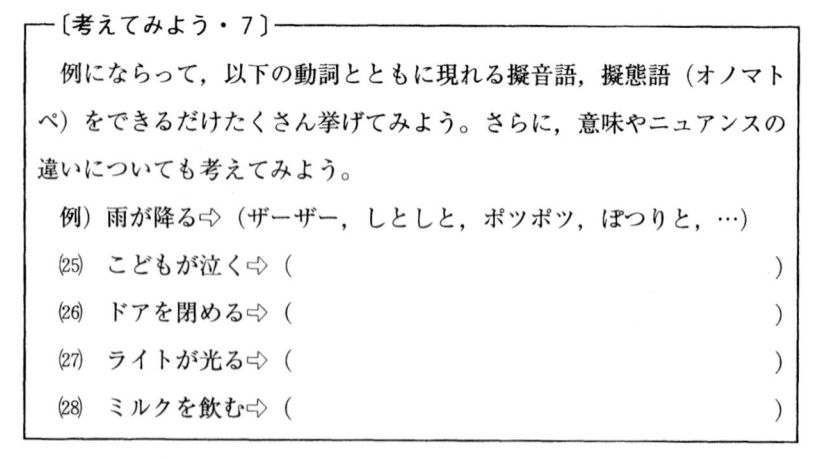

〔考えてみよう・7〕

　例にならって，以下の動詞とともに現れる擬音語，擬態語（オノマトペ）をできるだけたくさん挙げてみよう。さらに，意味やニュアンスの違いについても考えてみよう。

　例）雨が降る⇨（ザーザー，しとしと，ポツポツ，ぽつりと，…）

(25)　こどもが泣く⇨（　　　　　　　　　　　　　　　　　）

(26)　ドアを閉める⇨（　　　　　　　　　　　　　　　　　）

(27)　ライトが光る⇨（　　　　　　　　　　　　　　　　　）

(28)　ミルクを飲む⇨（　　　　　　　　　　　　　　　　　）

　日本語の場合，アジアの他の言語と似てオノマトペ（擬音語，擬態語）な

ど動きの様態を表す語が多く，大変バラエティ豊かである。特にマンガなどではその傾向が明らかである。なお，このようなオノマトペを様態副詞と呼ぶこともある。

b. 動きの結果を表す連用修飾

―〔考えてみよう・8〕――――――――――――――――
次のa，bの下線部の意味の違いを説明してみよう。
(29) a．壁にペンキを<u>べたべたと</u>塗る。
　　 b．壁がペンキで<u>べたべたに</u>なる。
(30) a．彼は相手の顔を<u>めちゃめちゃに</u>なぐった。
　　 b．相手は顔が<u>めちゃめちゃに</u>なった。
(31) a．ケーキを作る場合，卵とバターと粉は力を入れず<u>ふんわりと</u>混ぜ合わせる。
　　 b．バターと砂糖をよく混ぜたら，<u>ふんわりと</u>なった。

同じ形態の連用修飾語でも，文意に応じて，動きの有り様（様態）を表す場合（(29)～(31)のａ）と，動きの結果を表す場合（(29)～(31)のｂ）とがある。

「副詞＋に／と」の場合，様態を表す時は「と」が，結果を表す時は「に」が比較的現れやすいという傾向があり，(29)はその例である。しかし，(30)のａは様態でも「めちゃめちゃと」とは言えないし，(31)のｂは結果でも「ふんわりに」とは言えないなど，注意が必要である。

8．連用修飾と連体修飾

連用修飾と連体修飾は，ことに形容詞，形容動詞および数量詞の場合，近しい関係にある。

―〔考えてみよう・9〕――――――――――――――――
次の(32)と(33)の違いを考えてみよう。
(32) 教室に先生が三人いる。　　(33) 教室に三人の先生がいる。

上の(32)の「三人」は「いる」を連用修飾していると言えるが，同時に「先生がいる」こと全体を修飾しているとも考えられる。このことは，
(32)' 三人先生がいる。

と言い換えられることからもわかる。(33)の文との違いは、(33)の「三人の」が「先生」を直接連体修飾している点である。そして、(32)が（おそらく）大勢のなかからの三人であるのに対し、(33)は他の先生を考慮に入れずにとらえた三人であるという違いもある。ただし、

(32)″ 先生が三人いるだけだった。

(33)″ 三人の先生がいるだけだった。

となると、「だけ」の意味に支えられて、両者とも他の人々の存在を予想した上での「先生三人」となるために、意味的にかなり近づいてくる。

〔考えてみよう・10〕

次のaとbの下線部は形容詞「大きい」のどんな活用形か、また文中のどの言葉を修飾しているか、考えてみよう。

また、(34)、(36)はaとbでどんな意味の違いがあるか、(35)のbがなぜ非文（*）なのかについても考えてみよう。
(注)

(34) a. 大きく円をかく。　　　b. 大きい円をかく。
(35) a. 大きく名前をかく。　＊b. 大きい名前をかく。
(36) a. 彼は大きく肩をまわした。　b. 彼は大きい肩をまわした。

(注)　非文　日本語として文法的に誤っており容認されない文を言う。「非文」の文例には「＊」印を付す。

(34)～(36)のaの「大きく」は動詞の表す動きの様子を説明する連用修飾をしており、bの「大きい」は名詞がどのようなものなのかを限定(34)、あるいは説明(36)する連体修飾をしている（→第5章）。

(34)のa、bは現実には同じ動作となるものと思われる。これはここで言う「円」が描かれた結果であり、したがって「円を大きく描いた」結果と「大きい円を描いた」結果とは同じものだからである。

なお、「円」には大小があるが、(35)のような「名前」にはそれがない。そのため(35)bは非文となる。つまり、連体修飾は比喩表現などを除き、実体や概念として存在する物についてしか言うことができないわけである。

(36)は典型的な連用と連体のペアだと言える。すなわち、aでは「まわす」が結果を伴う動詞ではないため、「大きく」は「まわし方」のみを修飾し、「肩」の大きさとは関係がない。このことは「小さな肩を大きくまわす」と

言えることからもわかる。一方bでは「大きい」は「肩」のみを修飾しており，「まわし方」とは無関係である。このことは「大きい肩を小さくまわす」と言えることからもわかる。

【問題】
次の各文から連用修飾と被連用修飾の関係にあるものを取り出せ。
① 彼はウイスキーを一本飲んだあげく，グルグルまわって，ばったりとその場に倒れました。
② とてもかわいい子猫がかなしそうにニャオニャオ鳴いている。どうやらかなりおなかがすいているようだ。ミルクをやったらぴちゃぴちゃ音をたてておいしそうに飲んだ。
③ 彼女は真っ赤になって泣きながら，じっと下を見つめていた。

第2節　古典語の連用修飾

古典語においても現代語と同様の連用修飾構造が見られる。

はじめに連用修飾を主たる機能とする副詞，および副詞に助詞がついた形式（以下「副詞＋助詞」）による連用修飾を見てみよう。

1．副詞（＋助詞）による連用修飾

〔考えてみよう・1〕

次の例文から副詞または「副詞＋助詞」の形式を取り出し，どの語を被修飾語として連用修飾しているか，考えてみよう。
(1) かぐや姫，「よきかたちにもあらず，いかでか見ゆべき」と言へば〈かぐや姫は，「容貌がすぐれているわけでもありません。どうして（御門の使者に）お目にかかれるでしょうか」と言うので〉（竹取物語　御門の求婚）
(2) ただむなしき風にまかせてありく。〈ただもう，あてにならない風に従い進みます。〉（竹取物語　蓬莱の玉の枝）
(3) ことに見る人なきところにても，心のうちは，なほいとをかし。〈特に見てくれる人のないところでも，気持ちは，やはりとても快い。〉（枕草子　こころときめきするもの）

(1)は副詞「いかで」が動詞「見ゆ」と呼応しているが、係助詞「か」が助動詞「べき」と呼応して反語をなしている。したがって、「いかでか」が、動詞「見ゆ」に助動詞「べき」が接続した述語「見ゆべき」全体を修飾し、「どうしてお目にかかることができましょうか、いやできません」という意味となる。

(2)では、副詞「ただ」が、「むなしき風にまかせてありく」全体を修飾している。

(3)では、副詞「ことに」が動詞「見る」を、「いと」が「をかし」を、「なほ」が「いとをかし」全体を、それぞれ修飾している。

2．用言の連用形による連用修飾

―〔考えてみよう・2〕―

　次の例文の中から、単独の用言による連用修飾語を取り出し、それがどのような種類の用言か、またどの語を被修飾語とし、全体でどのような意味となっているか、考えてみよう。

(4) その辺りの墻(かき)にも、家のとにも、をる人だにたはやすく見るまじきものを、夜は安きいも寝ず、闇の夜に出でて、穴をくじり、かいばみ、まどひあへり。〈その辺りの垣根や家の門のところにも、家にいる者でさえ容易には見られないのに、夜は安眠もせず、闇夜にも出かけてきて、穴をあけ、のぞき見し、お互いに途方にくれている。〉(竹取物語　貴公子たちの求婚)

(5) また、如何なる折(をり)ぞ、たゞいまの人の云ふ事も、目に見ゆる物も、わが心のうちも、かゝる事のいつぞやありしかと覚えて、いつとは思ひ出でねども、まさしくありし心地するは、我ばかりかく思ふにや。〈また、どういった折か、たったいま人の言っていることも、目に見えているものも、自分の心の中も、こんなことがいつかあったと思われて、それがいつであったかは思い出せないけれども、たしかにあった気持ちがするのは、私だけがこのように思うのだろうか。〉(徒然草　71段)

(6) 五月五日、賀茂の競(くら)べ馬を見侍りしに、車の前に雑人(ざふにん)立ち隔てて見えざりしかば〈五月五日、上賀茂神社の競馬を見物しましたが、車

の前に身分の低い者が立ちさえぎって見えなかったので〉（徒然草　41段）
(7)　鉢つけのいたよりふつとひつきつてぞにげたりける。〈(しころが
　　　かぶとの)鉢付の所からぷつっと引き切れたので，(三穂屋は)逃げた。〉
　　　(平家物語　11・弓流)

　(4)は形容詞「たはやすし」の連用形が動詞「見る」を修飾し，「容易に見る」と言う意味となる。
　(5)は形容詞「まさし」の連用形が，動詞「あり」に助動詞「き」の連体形「し」の付いた「ありし」を修飾し，「本当に～があった」という意味となっている。
　(6)は動詞の連用形「立ち隔て」に接続助詞「て」が付いた形「立ち隔てて」が，「見えざりしか」を修飾し，「立ちさえぎって，見えなかった」という意味となっている。
　(7)は動詞「ひっきる」の連用形「ひっきって」にさらに係助詞「ぞ」がついた「ひっきってぞ」が動詞「にげる」に助動詞「たり」「ける(「けり」の結び)」の付いた形を修飾し，「引き切って(という方法で)逃げた」という意味となっている。

〔考えてみよう・3〕

　次の各例文には副詞(＋助詞)および単独の用言による連用修飾語が混在している。それぞれが呼応する被修飾語を取り出し，被修飾語とどのような意味をなしているか，考えてみよう。
(8)　かくて翁やうやう豊になり行く。〈こうして(竹取の)翁はしだいに豊かになっていく。〉(竹取物語　かぐや姫の生ひ立ち)
(9)　げにいと浅くはおぼえぬことなりけり。〈なるほど，そう浅くは思われないことだったのだ。〉(源氏物語　竹河)
(10)　いとひさしうたたくに，音もせねば，寝入りたりやと思ふらむとねたくて〈とても長く(戸を)たたくが，中では物音もしないので，「寝入ってしまっている」と思うだろうか，としゃくにさわって〉(枕草子　内裏の局，細殿いみじうをかし)
(11)　この馬，ぬしの別をしたひつゝ，しばしは船をもはなれやらず，

沖の方へおよぎけるが，次第に遠くなりければ，むなしき汀(みぎわ)におよぎかへる。〈この馬は主人との別れを惜しみながら，しばらくは船を離れずに沖の方へ泳いで行ったが，（船が）しだいに遠くなったので，主のいない岸辺に泳いで戻った。〉（平家物語　9・知章最後）

(8)は形容動詞の連用形「豊に」が動詞「なり」を，副詞「やうやう」が「豊になり行く」を連用修飾しており，全体で「しだいに豊かになっていく」となる。

(9)の副詞「いと」は形容詞「浅く」を，「いと浅く（は）」は「おぼえぬ」を，そして，副詞「げに」は「いと浅くはおぼえぬことなりけり」全体を修飾しており，全体で「たしかに，そう大して浅くは思われないことであったのだ」となる。

(10)は副詞「いと」が形容詞「ひさし」の連用形「ひさしう」を修飾し，「いとひさしう」全体で動詞「たたく」を修飾している。意味は「大変長いあいだたたく」となる。

(11)は副詞「しばし」は動詞「離れやる」と呼応しており，また，係助詞「は」が否定の助動詞「ず」と呼応して部分否定となっている。したがって，「しばしは」の形で，「離れやらず」全体を修飾している。意味は「しばらくの間は離れず」となる。また，形容詞「遠し」の連用形「遠く」が動詞「なる」を修飾し，さらに副詞「しだいに」が「遠くなりけれ（ば）」全体を修飾している。

3．従属節による連用修飾

古典語においても，従属節による連用修飾がたくさん見られる。

──〔考えてみよう・4〕──────

次の文から連用修飾節を取り出してみよう。それがどの語を被修飾語として，互いにどんな意味関係となっているかも考えてみよう。

(12) 五月の御精進(みさうじ)のほど，職(しき)におはします頃，塗籠(ぬりごめ)の前の二間なる所をことにしつらひたれば，例(れい)ざまならぬもをかし。〈五月の御精進の際，（中宮）定子が職の御曹司でおすごしになった頃，塗籠の前の二間

である所を格別に設備を整えてあるので，ふだんとちがっているのもおもしろい。(枕草子　五月の御精進のほど)

(13) 五月五日、賀茂の競べ馬を見侍りしに，車の前に雑人立ち隔てて見えざりしかば，おのおの下りて埒の際に寄りたれど〈五月五日，上賀茂神社の競馬を見物しましたが，車の前に身分の低い者が立ちさえぎって見えなかったので，各自車から下りて柵のそばに寄ったけれど〉(徒然草　41段)

(14) かぐや姫，「よきかたちにもあらず，いかでか見ゆべき」と言へば，「うたてものたまふかな。御門の御使をば，いかでおろそかにせむ」と言へば〈かぐや姫は，「容貌がすぐれているわけでもありません。どうして（御門の使者に）お目にかかれるでしょうか」と言うので，「困ったことをおっしゃるなぁ。帝のお使いをどうしておろそかにできようか」と言うと〉(竹取物語　御門の求婚)

(15) 尋ねんとおぼす心あらば，そのわたりとは聞こえつべけれど，詳しくも知らずや。〈探そうとお思いの心がおありならば，そのあたりということは申し上げられますが，詳しくは存じません。〉(源氏物語　宿木)

(12)では「塗籠の前の二間なる所をことにしつらひたれば」の節全体が，あとの「例ざまならぬもをかし」の理由となっている。

(13)は「車の前に雑人立ち隔てて見えざりしかば」の節全体が，あとの「おのおの下りて埒の際に寄りたれ（ど）」の節の理由となっている。

(14)は「(かぐや姫が)『よきかたちにもあらず，いかでか見ゆべき』と言へば」の節が，あとの「『うたてものたまふかな。御門の御使をば，いかでおろそかにせむ。』言へ（ば）」の節の理由となっている。

(15)は「尋ねむとおぼす心あらば」の節が，「そのわたりとは聞こえつべけれ（ど）」の節に対する仮定条件となっている。

これら以外にも，従属節は，文中の語や文全体に対して，条件などさまざまな修飾を行っている。

第5章　連体修飾

第1節　現代語の連体修飾

1．いろいろな連体修飾

　修飾関係のうち、体言の概念内容を説明・限定するのが連体修飾である。体言の前に置かれて連体修飾の働きをする語を連体修飾語、連体修飾語の説明・限定を受ける体言を被連体修飾語と言う。

　連体修飾語として用いられる語句にはさまざまなものがある。「本」という名詞には、どのような連体修飾語が付けられるだろうか。できるだけいろいろな種類のものを考えてみよう。

　「私の本」「図書館の本」「江戸時代の本」（体言＋「の」）
　「ある本」「この本」「あらゆる本」（連体詞）
　「難しい本」「重い本」「なつかしい本」（形容詞の連体形）
　「好きな本」「貴重な本」「専門的な本」（形容動詞の連体形）
　「読む本」「借りる本」「違う本」（動詞の連体形）
　「読みたい本」「読んだ本」「読みたかった本」（動詞＋助動詞の連体形）

この他、体言に「のような」をつけた「電話帳のような本」などの連体修飾もよく見られる。

　いずれにしても、体言・連体詞・用言を用いた連体修飾が一般的だが、「少しの金」「せっかくのお休み」「もっと上」のように副詞を用いたものや、「なつかしのメロディ」のように形容詞の語幹を用いたものもある（→第2節）。また、用言を用いた連体修飾を、「きのう太郎が図書館で読んだ本」のように他の成分を加えてふくらませると、連体修飾節になっていく。この点については3項で取り上げる。

〔考えてみよう・1〕
　次の下線部の修飾関係を説明してみよう。

> (1) きたない机の上をきれいにしなさい。
> (2) 「眠れる森の美女」を昨日見た。

連体修飾が二つ以上重なることもある。(1)(2)を図示すると次のようになる。

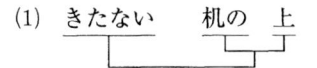

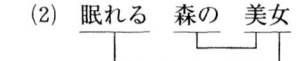

(1) きたない　机の　上　　　(2) 眠れる　森の　美女

このように複雑な修飾関係は，時に誤解を引き起こすこともあるが，逆に表現に奥行きが出るため，文学表現などに多用されやすい。「美しい日本の私」など，何通りかの修飾関係が読み取れる表現も少なくない。

──〔考えてみよう・2〕──────────────
「もっと上」「ちょっと前」などのように，副詞が名詞を連体修飾しているように見える例がある。このような例を他にも探してみよう。また，このような連体修飾ができる場合，連体修飾語・被連体修飾語それぞれの性質に，何か共通の特徴が見られるだろうか。

副詞は用言を修飾するのが原則であるから，それが連体修飾語になるというのは一種の矛盾である。しかし，すべての副詞が連体修飾の働きをするわけではなく，またすべての名詞が副詞によって連体修飾されるということでもない。「ずっと昔」「やや南」などと例を並べて見ると理解しやすい。まず被修飾語となる名詞に共通しているのは，それ単独では概念の定まらない相対的な関係（位置や時）を表している点である。つまり，「上」にしても「前」にしても，何かを基準としてはじめてその位置や時が定まるという性質のものである。（このような名詞を相対名詞と呼ぶこともある。）したがって，この場合の連体修飾語は，これらの状態や関係の程度を限定する働きを持つもの（程度副詞）にかぎられ，動作・作用の行われるさまを表す様態副詞のようなものは当然連体修飾語にはなれない。

2．連体修飾と連用修飾

すでに触れたように，連体修飾と連用修飾は，形容詞・形容動詞・数量詞を用いた場合，意味的に近い関係にあることが多い。

[考えてみよう・3]

次のaとbを比べ，どのような場合に連体修飾と連用修飾の意味が近づくのか，その条件を探ってみよう。

(3) a．深い穴を掘った。
    b．穴を深く掘った。
(4) a．深い穴を埋めた。
    ?b．穴を深く埋めた。
    (注)
(5) a．強い雨が降った。
    b．雨が強く降った。
(6) a．難しい参考書を読んだ。
    ＊b．参考書を難しく読んだ。
(7)＊a．熱心な参考書を読んだ。
    b．参考書を熱心に読んだ。
(8) a．太郎の真剣な話を聞いた。
    b．太郎の話を真剣に聞いた。

(注) (4)bに付されている「？」　文法的には必ずしも誤りとは言えないが，文脈や場面によっては容認できる文に付してある。文としては不自然さがある。

　(3)のa，bは意味的にかなり近い。ところが，述語を変えただけで，(4)bはやや不自然になってしまう。これは，「穴」と「掘った」の意味的関係と「穴」と「埋めた」の意味的関係に差があるからである。(3)の場合は，「掘った」結果として「穴」ができるという関係にあるため，動作の結果生み出された対象が「深い穴」であることと，「穴を掘った」動作そのものが「深く」にまで及ぶものであることとがほとんど同じ意味になる。言い換えれば，生産物(モノ)の形容と生産する過程である動作の形容とが意味的に重なってくるのである。ところが(4)では，「埋めた」結果として「穴」ができるのではなく，もともと存在する「穴」を「埋めた」ことになるため，a「深い穴」を(浅くか深くかは不明だが)「埋めた」と，b(もともと浅いか深いかは不明な)「穴を」(浅くではなく)「深く埋めた」では，表す意味にずれが生じてしまうのである。(5)の場合は(3)とは異なり，「雨」は「降った」結果の生産物とは言えない。しかし，水が空から「降る」現象そのものを「雨」と呼ぶため，a「強い雨」とは「降る」作用そのものが強いことを意味し，b「強く降る」ことと同じ内容を表すことになる。

　このように，連体修飾と連用修飾とが意味的に近づくにはそれなりの条件が必要である。すでに存在するモノの中身を説明する連体修飾((6)a)や動作の様態を描く連用修飾((7)b)では両者が重なることはありえない。(8)のa，bは文としては成り立つが，意味的にはまったく別物である。

3．連体修飾語から連体修飾節へ

　ここでは，日本語における連体修飾節とはどのようなものなのか，考えていくことにしよう。「節」とは文相当でありながら，実際には複文を構成する一つの成分として機能しているものを指す。どこに現れるかによって「主語節・述語節・連体修飾節・連用修飾節・独立節」と呼び分けたり，その働きの違いによって，「主節・従属節」「並列節・副詞節・連体修飾節・名詞節」などと呼び分けたりしている。文相当ということから，「節」は一般的には「主語＋述語」の構造を持つものとされるが，果たしてそれでよいだろうか（→第2章第4節2項）。

───［考えてみよう・4］───

　次のうち，連体修飾節を持つと言えるのはどれか考えてみよう。

(9)　私の本
(10)　私の弟の本
(11)　私の弟の持っている本
(12)　きれいな本
(13)　とてもきれいな本
(14)　表紙がとてもきれいな本
(15)　読んだ本
(16)　きのう読んだ本
(17)　きのう図書館で読んだ本
(18)　太郎がきのう図書館で読んだ本
(19)　きのう太郎が本を読んだ図書館
(20)　きのう図書館で本を読んだ太郎

　「主語＋述語」という点を条件に連体修飾節を選ぶとすれば，(11)(14)(18)(19)のみが該当することになる。しかし日本語の場合，英語などとは異なり，文の成立に際して場面的な条件などにより必ずしも主語が顕在化されないことがありうる。また，第2章で示したような文の構造を念頭に置けば，日本語の文は述語中心に成り立っていることがわかる。この点を重視すると，日本語では，節の認定にあたっても，「主語＋述語」といった形の上での条件が必須とはならないのではないかと思われる。

　［考えてみよう・4］の(15)から(18)は，一つずつ成分を増やしながらふくらませたものだが，(18)が節で(17)が節ではないと区別する根拠が希薄と言わざるをえない。(17)では「太郎」が主語であることがすでにわかっているために省略されたのかもしれないからである。また，(18)から(20)は，述語「読んだ」の格成分を示す「名詞＋格助詞」の名詞部分を一つずつ後ろに置いて，

被連体修飾語としたものだが(→次項),主格が残っている(18)(19)は節で,主格が被連体修飾語になっている(20)は節ではないとするのも統一性に欠けると思われる。実際,(20)のような主格名詞を被修飾語とする連体修飾は日常的にもかなり多く見られるはずである。

さらに,述語の格支配というとらえ方をするのであれば,(12)も主格名詞を被修飾語とする連体修飾とみなすことが可能である。なぜなら,(20)を

「きのう図書館で本を読んだ太郎」→「太郎がきのう図書館で本を読んだ」
と戻せるのと同様に,(12)も

「きれいな本」→「本がきれいだ」
とすることができるからである。

以上のようなことから,日本語の場合は,動詞・形容詞・形容動詞を中心とした述語が最低限一つでもあれば,連体修飾節とみなすことができると言ってもよいだろう。

―――〔考えてみよう・5〕―――
日本語の場合と異なり,英語での「節」はやはり「主語+述語」の構造を持つ。このことを次の文を英訳して確かめてみよう。
「きのう私の研究室を訪ねてきた学生は佐藤君と言います。」

4．連体修飾節の種類

次の二つの文を比べてみよう。連体修飾節と被修飾語の関係は同じだろうか。

(21) 花子は,フルートを吹く少女に声をかけた。
(22) 花子は,フルートを吹く姿がとても素敵だ。

(21)は前項で触れたものと同様に,述語「吹く」の格成分のうち主格にあたる「少女」を被修飾語の位置に置いたものとみなせるため,

「フルートを吹く少女」→「少女がフルートを吹く」
と元の文を想定できるが,(22)については,

「フルートを吹く姿」→「姿{*が／*を／*に／*で…}フルートを吹く」
でわかるように,そのまま元の文を想定することはできない。

(21)は，もともと格成分として文の内側に存在していたものを抜き出し，格助詞を除いた名詞だけを文の最後(被修飾語の位置)に置くことによってできた連体修飾節である。このようなタイプの連体修飾を「内の関係の連体修飾」と呼ぶ。それに対し，(22)の被修飾語はもともとの文には存在せず，文の外側から新たに付加されたものと考えられる。このようなタイプの連体修飾を「外の関係の連体修飾」と呼ぶ。

5．内の関係の連体修飾節

内の関係の連体修飾節では，被修飾語を元の文の格成分に戻すことができる。このことは逆に言うと，文中で格成分の役割を担っている名詞は，それを被修飾語とする連体修飾節を構成することができるということになる。すべての格についてそのようなことが言えるか，いろいろな格助詞について以下に検証してみよう。

―［考えてみよう・6］――――
各文から，下線の名詞を被修飾語とする連体修飾節を作ってみよう。
(23) a 卒業生が　b 先生に　c 花束を　贈った。
(24) a 知り合いが　b 北海道の寒村から　c 南米の港町に　移住した。
(25) a 教室で　b 妹が　c 貧血で　倒れた。
(26) a 太郎が　b クラス委員に　なった。
(27) a 兄が　b 友達と　c 会社を　作った

例えば(24)の場合，
　　b ……＊知り合いが南米の港町に移住した北海道の寒村（から格）
　　c ……　知り合いが北海道の寒村から移住した南米の港町（に格）
のように連体修飾節が作れるものと作れないものとがある。また，同じ「に格」同士，「で格」同士で比べてみても，
　(23) b ……　卒業生が花束を贈った先生（に格）
　(26) b ……＊太郎がなったクラス委員（に格）
　(25) a ……　妹が貧血で倒れた教室（で格）
　　　 c ……＊教室で妹が倒れた貧血（で格）

のように違いが出てくる。これらを見ると，格や意味役割によって，連体修飾節になりやすいものとなりにくいものとがあるようである。格助詞ごとにもう少し詳しく見てみよう。

〔考えてみよう・7〕

　各文から，下線の格成分の名詞を被修飾語とする連体修飾節を作ってみよう。さらに，これ以外の例も自分なりに補充して検証を加えながら格助詞ごとに連体修飾節を作れる用法と作れない用法とに分けて整理してみよう。

「が」　⑱　赤ちゃんがとてもかわいい。
　　　　⑲　車の中から岩木山がきれいに見えた。
「を」　⑳　子供たちがグランドを駆け回っている。
　　　　㉛　花子が歩道橋を渡っている。
　　　　㉜　特急列車が十五分遅れで上野駅を出発した。
「に」　㉝　祖父がこの町の歴史に詳しい。
　　　　㉞　姉が時計を正しい時刻に合わせてくれた。
　　　　㉟　母が買い物に行った。
「で」　㊱　強盗がナイフで店員を刺した。
　　　　㊲　富士山が日本で一番高い。
　　　　㊳　パトカーが五分で現場に到着した。
「から」㊴　弟が叔父さんからお年玉をもらった。
　　　　㊵　老人が風邪から肺炎を引き起こした。
　　　　㊶　その日から彼がぱったり来なくなった。
「と」　㊷　佐藤君がフランス人女性と結婚した。
　　　　㊸　その日浩二が綾子と映画に行った。

「が」「を」についてはほぼ連体修飾節を作れると言えるが，それ以外の格助詞については不可能な場合も多い。どうしてそうなるのか，連体修飾節を構成しやすくするような条件はないものか，少し考えてみたい。

　今ほぼ可能と言った「が」「を」についても，動作の主体や対象といった中心的な用法の場合ならすべてが可能である。また，「に」の〈相手や場所〉，

「で」の＜道具や場所＞，「から」の＜相手＞，「と」の＜対称関係にある相手＞などの用法についても連体修飾は可能と言えるが，その他の用法になると判断の難しいものが増えてくるようである。このことは，述語の格支配の側から見た場合の，想定しやすい格と想定しにくい格の違いに通じるものがある。述語にとって想定しやすい格とは，必要度の高い重要な格であり，述語にとって緊密な関係性を持つ格成分である。これは，述語にとって本来的に決まっているという見方もあるが，文脈や場面によってその時必要とされているか否かが異なってくる場合も多い。

　ここで連体修飾節が作れるというのは，とりもなおさず，格助詞をはずしてもその名詞が述語とどのような意味関係にあるかが読み取れるということである。その読み取りやすさを支えているのは，述語と格成分の意味的な緊密性と文脈・場面といった背景知識であろう。

───〔考えてみよう・8〕─────────────
　次の各文でも，これまでと同じように下線の格成分の名詞を被修飾語とする連体修飾節を作れるだろうか。
　(44)　卒業生が先生に花束を贈りました。
　(45)　車の中から岩木山がきれいに見えたでしょう？
　(46)　子供たちがグランドを駆け回っているよ。
　(47)　強盗がナイフで店員を刺したらしい。
　(48)　弟が叔父さんからお年玉をもらったそうだ。
　(49)　佐藤君がフランス人女性と結婚したかもしれない。
　(50)　夏休みの間に参考書を読んでおきなさい。
　(51)　夏休みの間に参考書を読んでおこう。(cf. 読んでおきたい)

〔考えてみよう・7〕で述べた条件のほかに，連体修飾節を作りにくい構文上の制約がある。まず，全般的にモダリティ要素は連体修飾節に入りにくい。ただ，これにもいろいろなレベルがあり，終助詞や疑問・命令・意志などは入らないが，推量の場合は表現によって差がある。また，丁寧体や主題を示す「は」も連体修飾節には入りにくい。連体修飾節は文相当ではあるが，もちろん文そのものではない。文の成立に不可欠なモダリティ要素を欠いて

いるからである（→第2章第4節2項，第9章第1節4項）。

---〔考えてみよう・9〕---
次の二文の下線部を比較し，意味の違いを説明してみよう。
(52) <u>オリンピックで大怪我をした</u>鈴木選手は右から二番目の人で，その左に写っている選手が優勝した双子のお兄さんです。
(53) <u>オリンピックで大怪我をした</u>鈴木選手はその後引退し，後進の指導に力を入れました。

内の関係の連体修飾節を考える際にもう一つ重要な点は，英文法でよく言われる制限的用法・非制限的用法の区別が日本語にも存在することである。ただ，英語では「，（コンマ）」の有無で表すところを，日本語ではそのような表示形式を用いないため，文全体の意味から判断せざるをえない。上の場合も，(52)が制限的用法とわかるのは，鈴木選手が二人いてどちらかに限定しているという前提があるからである。

6．外の関係の連体修飾節
次の例文のa，bを比べてみよう。
(54) a．加藤君がしゃべった<u>話</u>は信じない方がいい。
　　 b．あの事件以来硬く口を閉ざしていた加藤君がようやくしゃべった（という）<u>話</u>を聞いて何だかほっとした。
(55) a．祖母が亡くなった<u>その日</u>に息子が生まれた。
　　 b．祖母が亡くなった<u>翌日</u>に息子が生まれた。
(56) a．車が通る<u>下の道</u>を無理に横切らずに歩道橋を渡った方がいい。
　　 b．ここでは，車が通る<u>下の道</u>を列車が通るようになっている。

各文ともaが内の関係，bが外の関係である。意味を比べてみると，(54)aは，加藤君が何か話をしたのだが，その話の内容まではわからないのに対し，(54)bは，誰が話したのかはわからないが，話の内容は加藤君のことだった，ということになる。「という」をつけると，この違いがより明確に読み取れるだろう。また，(55)aでは＜その日＝祖母が亡くなった日＞であるが，(55)bは＜翌日＝祖母が亡くなった日＞ではない。形の上では「翌日に祖母が亡

くなった」となり元の文に戻せるように見えるが，それでは意味がずれてしまう。(56)の場合も，aは＜下の道＝車が通る道＞だが，bは＜下の道＝列車が通る道(線路)＞であり，逆に「(線路の)上の道＝車が通る道」という関係になっている。

(54)(56)のように，同じ被修飾語でも用いられ方によってどちらかに決まる場合があるので注意が必要である。特に(56)の場合は，該当箇所だけを見ていても違いがわからない。それぞれの文に現れる他の単語（例えば「歩道橋」）や文脈・一般常識などが，文意を正確に読み取る手がかりとなる。

―〔考えてみよう・10〕――――――――――――――――――
　次には，被修飾語に同じ名詞を用いた連体修飾節を並べてある。(57)(58)(59)を比べ，内の関係か外の関係か，さらにどのように意味が違うかを説明してみよう。
　(57)　その代議士が新聞に書かれた<u>批判</u>は手厳しいものだった。
　(58)　その代議士は，職務上知りえた秘密を漏らしているのではないかという<u>批判</u>を受けた。
　(59)　その代議士は，特定業者に便宜を図った<u>批判</u>を真摯に受け止めて辞職した。

(57)は内の関係，(58)(59)は外の関係である。ところが，同じ外の関係でも，(58)と(59)では，連体修飾節と被修飾語との関係が違うことに気付いただろうか。

(58)は＜職務上知りえた秘密を漏らしているのではないか＝批判＞という関係である。たとえて言えば，被修飾語は瓶に張られたラベルであり，連体修飾節がその瓶の中身ということになる。このように，連体修飾節が被修飾語の内容を説明しているタイプを「内容節」と呼ぶ。本項の冒頭に挙げた例文(54)bも内容節の例である。

一方，(59)は＜特定業者に便宜を図った＝批判＞ではなく＜特定業者に便宜を図った→批判＞である。つまり，連体修飾節の事態がもとで被修飾語の表す事態が生じたという因果関係になる。この場合，批判の内容については示されない。

また，本項の冒頭に挙げた例文(55)bは＜祖母が亡くなった(日)→翌日＞，

(56)bは＜車が通る(道)→下(の道)＞という関係で，連体修飾節が時間・空間の基準点を示し，そこから相対的に関係付けられる時間・空間の位置を被修飾語が表している。因果関係の基準(原因)にしろ時間・空間の基準にしろ，連体修飾節と被修飾語との間には，ある基準点から相対的に位置付けられる関係（相対関係）が認められるため，このタイプを「相対節」と呼んでおく。

　内容節が被修飾語を連体修飾する場合，被修飾語の前に「という」を入れることができる。「という」の介在については必須の場合と任意の場合があるが，まず必須なのは，連体修飾節中にモダリティ要素や主題の「は」を含む場合である。〔考えてみよう・10〕の(58)も「～のではないか」と言う疑問形式のため「という」が必須であるし，

(60)　学内すべてを禁煙にすべきだという意見が大勢を占めた。
(61)　太郎も花子も，正夫は生きて帰ってくるという望みをまだ捨てきれなかった。

なども「という」なしでは連体修飾節を作れない。これは，前にも述べた，連体修飾節は文相当でありながら文そのものとは違い，重要なモダリティ要素を欠いているということの裏返しである。つまり，モダリティ要素を備えた文らしい文はそのままでは連体修飾節になれないため，引用符の役割を持つ「という」の力を借りることで連体修飾節の仲間入りをするわけである。

　連体修飾節の制約とは別に，被修飾語自体の性質として，「という」を必須とするもの，任意とするものがある。なお，任意というのは，「という」があってもなくても意味に変化が生じないことである。次のように「という」の有無が意味に関わる場合には任意とは言わない。

(62)　素敵な音楽を聞いた感想は，心が洗われるようだったというものが多かった。
(63)　素敵な音楽を聞いたという感想は，あらゆる年代層から聞かれた。

(62)は相対節で＜感想＝心が洗われるようだった＞，(63)は内容節で＜感想＝素敵な音楽を聞いた＞となる。

〔考えてみよう・11〕

　次の内容節を，「という」の介在が必須なものと任意なものに分けてみよう。被修飾語に何か共通の特徴があるだろうか。

(64) 日本が戦争に敗れたという事実を最初は誰も信じなかった。
(65) 太郎君が来月結婚するという手紙をもらった。
(66) 吉宗は、目安箱を設置するという考えを明らかにした。
(67) 伊藤さんが次の課長になるという噂が広がっている。
(68) 何でも完璧にやらないと気が済まないという性格は母譲りだ。
(69) 祖父が危篤であるという電報が届いた。
(70) 縄文時代には、抜歯をするという風習があった。
(71) 頼朝は、鎌倉に幕府を開くという決心を固めた。
(72) 社員からは、残業が多いという声をよく聞かされる。
(73) 18歳の高校生が幼い女の子を誘拐するという事件が起きた。
(74) 株主総会では、経営陣の方針に納得できないという意見が相次いだ。
(75) 車内放送で、架線事故のため発車が遅れるという説明があった。
(76) そのピアニストは、10代でショパンコンクールに入賞したという経歴を持っている。
(77) 私立大学の学費が高すぎるという言葉が父母の口からよく聞かれた。
(78) これから自分の前に未知の世界が広がるという期待に胸が踊っていた。

　一般に、発言・思考を表す名詞は「という」が必須とされる。それは、「～という」「～と思う」を原点とした引用に関係する名詞は、引用符「という」を用いて、発言・思考されたままの生の形を再現しようとする傾向にあるからだろう。しかし、上の例文(64)～(78)を検証してみるかぎり、思考を表す名詞の場合は必ずしもそうとは言えないようである。また、もう一つの系列として事柄を表す名詞群があるが、こちらはすべて「という」は任意と考えてよい。

　なお、内容節と違って、相対節の場合は「という」を介在させることができない。この点が内容節と相対節を見分ける重要なポイントとなっている。

7．名詞節

準体助詞の「の」や形式名詞の「こと・ところ」を被修飾語とする連体修飾節もある。

(79)　新幹線の中から，富士山が雪に覆われて輝いているのが見えた。

(80)　二度とその人とは会わないことを約束させられた。

(81)　私はその日，太郎がちょうど店から出でくるところとすれ違った。

これらは，「の・こと・ところ」までを含めた全体が体言相当であり，格助詞を伴って文の成分として機能している。広い意味では連体修飾節（内容節）だが，節と被修飾語の関係を考えるより，節を体言化する「の・こと・ところ」の機能を重視して主節の動詞との関係を論じられることが多い。このようなものを一括して「名詞節」とする（→第2章第4節2項）。

【問題1】

次は数量詞の連体修飾と連用修飾である。ａｂｃすべてが言える場合と言えない場合とではどのような違いがあるだろうか。

① 　ａ．100枚の切手を集めた。
　　ｂ．切手を100枚集めた。
　　ｃ．切手100枚を集めた。
② 　ａ．100円の切手を集めた。
　？ｂ．切手を100円集めた。
　？ｃ．切手100円を集めた。
③ 　ａ．1キロの牛肉を食べた。
　　ｂ．牛肉を1キロ食べた。
　　ｃ．牛肉1キロを食べた。
④ 　ａ．100キロの相手を倒した。
　＊ｂ．相手を100キロ倒した。
　＊ｃ．相手100キロを倒した。

【問題2】

本文5項で述べた，述語と格成分の意味的緊密性や文脈・場面という条件のほかに，被修飾語自体が連体修飾節を受けやすい性質を備えているか否か

という点も，連体修飾節を構成する条件に関わってくるように思われる。〔考えてみよう・6〕の(25)c・(26)bおよび〔考えてみよう・7〕の(32)を次のように変えてみると，多少連体修飾節が作りやすくはならないだろうか。似たような例を挙げながら，被修飾語が連体修飾節を受けやすい性質とはどのようなものなのか考えてみよ。

〔考えてみよう・6〕(25)' a 教室で　b 妹が　c 原因不明の病気で倒れた。
　　　　　　　　(26)' a 太郎が　b 実行委員に　なった。
〔考えてみよう・7〕(32)' 特急列車が十五分遅れで始発駅を出発した。

【問題3】
　次のような連体修飾節は，本文の分類をもとにすると，どのように位置付けたらよいか。また，似たような境界領域にある例をたくさん集めてみよ。
　①うなぎを焼く煙が店中に漂っている。
　②突然誰かがやってきた気配がした。
　③雨戸を明ける音が大きくてみんな目を覚ましてしまった。
　④その新発売のアイスクリームは，「雪が溶ける肌触り」をキャッチフレーズにしている。
　⑤応仁の乱で都が戦場になった有様を克明に描いた絵巻物が見つかった。
　⑥スタジオには，赤ちゃんが笑っている写真がたくさん飾ってあった。
　⑦いつまでも若さを保つ方法なんてあるはずがない。
　⑧国家試験を受ける準備で毎日図書館通いだ。
　⑨生徒から教師になった動機を聞かれて困ってしまった。
　⑩昔，「頭のよくなる本」というのがベストセラーになったことがある。

第2節　古典語の連体修飾

1．いろいろな連体修飾

　連体修飾は，古典語においても，文中で盛んに用いられている。例えば古典語の「梅の枝」（徒然草　66段），「大きなる利」（徒然草　93段）のような連体修飾は，現代語で「梅の枝」「大きな利」と言うのと同じ用法である。
　しかし，

(1) 「我等が生死の到来」〈私たちの死の到来〉（徒然草 41段）
(2) 「君がためにと折る花は」〈主君とたのむ方のためにと折る花は〉（徒然草 66段）

のような，連体修飾を示す格助詞「が」の用法は，「我が家」「君が代」など一部の慣用的用法を除けば，現代語には見られなくなっている。ちなみに上代には，体言と体言の連体修飾関係を示す助詞として他に「つ」「な」「だ」があったが，それぞれ「天つ風・沖つ海・夕つ方」「まなこ・みなもと(源)・たなそこ(掌)」「くだもの・けだもの」などに痕跡をとどめているのみで，現在では分割できない一語と認識されている。また，

(3) 「人の才能は，文あきらかにして，聖の教を知れる□を第一とす。〈人の才能は，書物によく通じていて，儒教を理解していることを第一とする。〉
（徒然草 122段）

のように，現代語で言えば名詞節に相当する例で，被修飾語にあたる名詞が表現されない場合が古典語にはしばしば見られるが，現代語ではほとんど見られない。なお，(3)の例文中「知れる□」の「□」は被修飾語が表現されていないことを示した。以下の例においても同様である。

─〔考えてみよう・1〕─────────────
次に示した例文は，「枕草子」の「うへにさぶらふ御猫は」の段から取り上げたものである。それぞれの例文をよく読み，どんな語句が連体修飾語として用いられているか考えてみよう。
(4) 御簾のうちに入りぬ。〈御簾の中に入ってしまった。〉
(5) 御膳のをりは，かならずむかひさぶらふに〈(皇后の)お食事の時は，必ず御前の正面に向かってお仕えしていたのに〉
(6) 心憂の事や，翁丸なり。〈かわいそうなことよ，翁丸であるよ。〉
(7) かかる目見むとは思はざりけむ〈このような目にあおうとは思わなかっただろう。〉
(8) くらうなりて，物くはせたれどもくはねば，あらぬものにいひなしてやみぬる。〈暗くなって，食べ物を食わせたけれども食べないので別の犬だと話し合って決め，決着した。〉
(9) いかにわびしき心地せむ。〈どんなにつらい気持ちがしただろう。〉

第5章 連体修飾　95

(10) 夕つかた，いみじげにはれ，あさましげなる犬のわびしげなるが〈夕方，ひどく腫れあがり，あまりにひどい様子の犬でみすぼらしい犬が〉ひるつかた，犬いみじうなくこゑのすれば〈昼頃，犬がひどく鳴く声がするので〉

(12) 桜腰にさしなどしてありかせ給ひしをり〈（頭の弁が翁丸に）桜の枝を腰にさしたりして歩かせなさった時〉

(13) 御厠人(みかはやうど)なるものはしりきて〈御厠人である者が走ってやってきて〉

　上に挙げた例文からも明らかなように，連体修飾語として用いられる語句にはさまざまなものがある。
　(4)(5)における連体修飾語は，名詞に「の」が下接したものである。(6)は，形容詞「心憂し」の語幹「心憂」に「の」が下接したもので，現代語では「なつかしの」「うるわしの」など一部の形容詞にわずかに見られるだけだが，古典語では比較的多く見られる用法である。以下，(7)(8)は連体詞，(9)は形容詞の連体形，(10)は形容動詞の連体形，(11)は動詞の連体形，(12)は，動詞「ありく」に接尾語「せ」と補助動詞「給ふ」が接続し，さらに助動詞「き」の連体形「し」が接続した例，(13)は名詞に指定（断定）の助動詞「なり」の連体形が接続したものである。
　以上をまとめると，連体修飾語としては，名詞を主とする語句，連体詞，用言を主とする語句などが用いられることがわかる。また，

(14) 「せめてのはかりことに，千本の卒都婆(そとば)を作り」〈不十分ながらもこれだけはという思いつきに，千本の卒都婆を作り〉（平家物語　2・卒都婆流）

のように，副詞を主とする語句が用いられることがあるのも現代語と共通である。

2．連体修飾節

　古典語にも連体修飾節が多く用いられている。どのようなものを「節」と呼ぶかについては，例えば，

(15) よるなかぬ□もいぎたなき心地すれども，今はいかがせむ。〈（鶯が）夜に鳴かないことも，寝坊だという気がするけれども，今さらどうしようか，

どうしようもない。〉(枕草子　鳥は)
の「よるなかぬ」で主語にあたる「鶯」が表面に現れていないことからもわかるように，現代語と同様，「主語＋述語」を条件にはできない。現代語の項目で述べたように，述語中心の考え方に従うものとする(→第1節3項)。

[考えてみよう・2]

次に示す各文で，どの部分がどの語の連体修飾節になっているか指摘してみよう。

(16)　宇津の山にいたりて，わが入らむとする道は，いと暗う細きに〈宇津の山にさしかかって，私たちの分け入ろうとする道は，とても暗く細い上に〉(伊勢物語　9段)

(17)　夕月夜(ゆふづくよ)のをかしき程に，いだしたてさせたまひて，やがてながめおはします。〈夕方，月が出て趣深い頃に，外にお出ましになって，そのまま月をながめ物思いにふけっていらっしゃる。〉(源氏物語　桐壺)

(18)　かゆの木ひきかくして，家の御達(ごたち)・女房などのうかがふを，うたれじと用意して，つねにうしろを心づかひしたる，けしきもいとをかしきに〈粥の木を隠して，家の頭株の女房や若い女房たちがすきをうかがっているのを，(女君は)打たれまいと用心して，たえず後を注意している様子もたいそうおもしろいが〉(枕草子　正月一日は)

(19)　ひるつかた，犬いみじうなくこゑのすれば〈昼頃，犬がしきりに鳴く声がするので〉(枕草子　うへにさぶらふ御猫は)

(20)　判官(はうぐわん)を見しり給はねば，物の具のよき武者(むしゃ)をば判官かと目をかけて，はせまはる。〈判官をご存じないので，立派なよろい・かぶとの武士を判官かと目標にして，かけまわる。〉(平家物語　11・能登殿最期)

(21)　某(それがし)もお使に参てゆさんいたしたる事は御ざりませぬ。〈私もお使いにまいって，気晴らしに行楽をいたしたことはございません。〉(虎明本狂言　文荷)

ここでは，平安時代から室町時代に見られる連体修飾節の例を示してみた。連体修飾節は，このように時代を問わず用いられていることがわかる。具体的に見てみると，(16)では，「わが入らむとする」が「道」の連体修飾節になっ

ている。以下，(17)では「夕月夜のをかしき」が「程」の，(18)では「つねにうしろを心づかひしたる」が「けしき」の，(19)では「犬いみじうなく」が「こゑ」の，(20)では「物の具のよき」が「武者」の，(21)では「某もお使いに参てゆさんいたしたる」が「事」の，それぞれ連体修飾節である。

　ところで，連体修飾節には「内の関係」と「外の関係」があることは，現代語のところで説明した通りである（→第1節4項）。古典語の場合にもこのような区別が考えられるのだろうか。

───〔考えてみよう・3〕──────────────
　〔考えてみよう・2〕の例文(16)～(21)の連体修飾節を，本章第1章第1節の4～6項を参考にしながら，「内の関係」と「外の関係」に分けてみよう。
────────────────────────────

　「内の関係」というのは，文の格成分としてもともと内在していた「名詞＋格助詞」から格助詞を取り除き，名詞のみを文の最後（被修飾語の位置）に置くことで成り立った連体修飾節である。したがって，格関係を備えた元の文を想定することができることになる。例えば(20)の場合は，
　　「物の具のよき武者」→「(その) 武者（が）物の具（の）よし」
のように元の文を想定することが可能で，本来主格にあたる「武者」を被修飾語の位置に置いたものとみなせるため，内の関係である。

　これに対し，「外の関係」とは，被修飾語の位置にある名詞がもともとは存在せず，文の外側から新たに付け加えられたと考えられるものである。したがって，元の文を想定できないタイプということになる。例えば(18)の場合，
　　「(姫君が) つねにうしろを心づかひしたる，けしき」
　→「けしき ¦*が／*を／*に／*で…¦ つねにうしろを心づかひしたる」
でわかるように，元の文を想定することができないので，外の関係である。

3．準体節

　現代語のところで名詞節に触れたが（→第1節7項），古典語では，名詞節に相当する場合でも，被修飾語である名詞（「こと・ところ」等）や準体助詞「の」が現れないことが多い。例えば，

(22) そも，参りたる人ごとに山へ登りし□は，何事かありけん，ゆかしかりしかど，神へ参るこそ本意なれと思ひて，山までは見ず。〈それにしても，参詣者が皆山へ登ったのは，何事があったのだろう。行ってみたかったが，神に参るのが目的だと思って，山までは登ってみなかった。〉（徒然草 52段）

では，「登りし」と「は」の間の□（空欄）に名詞が想定される。もしこれが現代語であれば，「こと」や「の」が入っているところである。「こと」や「の」は被修飾語でもあるが，むしろ節全体を名詞化する機能が重要である。ところが(22)では，「こと」や「の」がないのに「参りたる人ごとに山へ登りし」が名詞相当となっている。これは，古典語では活用語の連体形がその前の部分をまとめて名詞化する機能を担うためで，現代語のように被修飾語の力を借りる必要がないとも言える。現代語の場合は，被修飾語までを含めた節全体を名詞相当として「名詞節」と呼んだが，古典語の場合は，被修飾語のない節全体が名詞に準じているという意味で「準体節」と呼ぶことにする。

─［考えてみよう・4］─

次に示した各文で，□（空欄）の部分に想定できる名詞はどのような語か考えてみよう。

(23) 春のはじめより，かぐや姫，月のおもしろく出でたる□を見て，常よりも物思ひたるさまなり。〈春の初めから，かぐや姫は，月が趣深くかかっているのを眺め，いつもよりも物思いにふけっている様子である。〉（竹取物語　かぐや姫の昇天）

(24) そこを八橋（やつはし）といひけるは，水ゆく河の蜘蛛手（くもで）なれば，橋を八つわたせる□によりてなむ八橋といひける。〈そこを八橋と呼んでいるわけは，流れていく水がくもの手足のように八つに分かれて流れていくため，橋を八つかけてあることによって，八橋と呼んでいる。〉（伊勢物語　9段）

(25) かたじけなき御心ばへの，たぐひなき□を頼みにて，まじらひたまふ。〈もったいない（帝の）お心遣いの，この上ないことを頼みとして，女御・更衣たちと付き合っていらっしゃる。〉（源氏物語　桐壺）

(26) 有明のいみじう霧（き）りわたりたる庭に，下（お）りてありく□をきこしめ

して，御前にも起きさせ給へり。〈有明の月の頃，たいそう霧がたち
こめている庭に，（女房たちが）下りて歩き回るのを（中宮）お聞きに
なって中宮もお起きになった。〉（枕草子　職の御曹司におはします頃）

(27)　小次郎がうす手負(を)ひたる□をだに，直実は心ぐるしうこそおもふに
〈息子の小次郎が軽傷を負っただけでも，父である私・直実は心に苦痛
を感ずるのに〉（平家物語　9・敦盛最期）

(28)　か様の事はかた時もいそひだ□がよひものじや〈このような事は少
しでも急いだほうがよいものだ〉（虎明本狂言　薬水）

　各文とも，想定できる名詞にはいろいろな可能性があるが，ここでは代表
的なもののみ挙げておく。(23)は「さま」，(24)は「こと」，(25)は「こと」，(26)は
「さま」，(27)は「こと」，(28)は「はう」などが想定できる。
　名詞節も準体節も広い意味では連体修飾節であるが，内・外の別で言えば
すべて外の関係の連体修飾節である。ところが，次のような例がある。

(29)　後に来(き)たる車の，ひまもなかりければ，池にひきよせてたちたる□を
見給ひて〈あとから来ている車で，入りこませるすきまもなかったので，池
近くに引き寄せてたっている(車を)(中納言が)ご覧になって〉（枕草子　小白
河といふ所は）

　下線を施した「池にひきよせてたちたる□」は，述語「たちたる」の主格
に相当する□（ここでは「車」を指す）を，被修飾語の位置に置いたものと
考えられる。したがってこれは，

「池にひきよせてたちたる□」→「□（が）池にひきよせてたちたり」

のように，元の文を想定することが可能な内の関係の連体修飾節である。現
代語でも同様の例はあり，例えば，

　○金魚を買うなら，元気に泳ぎ回っているのを選びなさい。

のように，前出の語（ここでは「金魚」）を「の」で受けているような場合
である。これも，「金魚が元気に泳ぎ回っている」と元の文が想定できるの
で内の関係である。実は，(29)もこれも，前出の語を繰り返す代わりに□や
「の」を用いている連体修飾節であって，節全体を名詞相当とする名詞節や準
体節とは本来構造が異なる。特に古典の場合は，被修飾語が現れないことが

多いのでその区別が難しいと言える。

　なお，被修飾語が表現されないという特徴は，時代が下るにつれて減少していき，室町時代に至るとかなり少なくなる。現代語では，例えば「船が港に近づくにつれて」のような慣用的言い回しの場合を除くと，あまり見られない。

第6章 活用

第1節 現代語の活用

1.「活用」の規定

　例えば動詞「書く」について見ていくと,「手紙を書かない。」「手紙を書きます。」「手紙を書き,」「手紙を書いて,」「手紙を書く。」「手紙を書くこと」「手紙を書けば,」「手紙を書け。」「手紙を書こう。」などというように,「－ない」「－ます」「－て」「－ば」「－う」などと言った語に続く時や,「書き,」と中止する時,「書け。」といった命令の時には,その形を変えている。「書く。」と言い切る時や,「書くこと」など体言に続く時には,形は変わっていないとも言えるが,「カク」という基本的な語が実際の文中で担っている役割は変化しているのである。

　こうした語形の変化は,もちろん「書く」だけに起こるものではなく,「話す」「読む」「見る」「食べる」「来る」「する」などの動詞すべてに共通する現象である。また,「大きい」「美しい」などの形容詞,「静かだ」「元気だ」などのいわゆる形容動詞,さらには「(ら)れる」などの助動詞にも同様の語形変化が見られる。

　このような語形の規則的な変化のことを「活用」と呼び,活用する言葉のことを「活用語」と言う。日本語の活用の仕方は,次にくる語句との接続の仕方を示している。これは活用語全般に言えることである。

2．現代語の動詞活用表

　一般的には,現代語の動詞の活用の種類は,「五段」「上一段」「下一段」「カ行変格」「サ行変格」の五種類であり,「活用形」には,「未然形」「連用形」「終止形」「連体形」「仮定形」「命令形」の六種がある。

―［考えてみよう・1］――――――――――――――
「書く」,「見る」,「食べる」,「来る」,「する」といった動詞を活用させ,整理してみよう。

一般的には,次の表のように整理することができる。

種類	語例	語幹	未然形	連用形	終止形	連体形	仮定形	命令形
五段	書く	か	=か =こ	=き	=く	=く	=け	=け
上一段	見る	ー	み	み	みる	みる	みれ	みろ
下一段	食べる	た	=べ	=べ	=べる	=べる	=べれ	=べろ
カ変	来る	ー	こ	き	くる	くる	くれ	こい
サ変	する	ー	さ,し,せ	し	する	する	すれ	しろ

　　（注）「ー」は該当するものがないことを表す。「=」には語幹が入り,「語幹＋活用語尾」でそれぞれ「未然形」,「連用形」,…「命令形」となる。
　　カ変はカ行変格を,サ変はサ行変格の略称,以下同じ。

　例えば,「書く」は,五段活用の動詞であり,「かか（ない）」（未然形）,「かき（ます）」（連用形）,「かく」（終止形）,「かく（こと）」（連体形）,「かけ（ば）」（仮定形）,「かけ」（命令形）,「かこ（う）」（未然形）のような活用形がある。なお,「五段」と言うのは,「か・き・く・け・こ」と五十音図のア段・イ段・ウ段・エ段・オ段の五段にわたって活用していることから名付けられたものである。

3.「語幹」と「活用語尾」

　活用しない部分は「語幹」,活用する部分は「活用語尾」と言う。上の活用表ではその観点からの整理ができているだろうか。

　活用しない部分が「語幹」,活用する部分が「活用語尾」であると言うことを厳密に適用すると,例えば「見る」の活用形は,＜み,み,みる,みる,みれ,みろ＞であるから,語幹が「み」,活用語尾が「ー」「ー」「る」「る」「れ」「ろ」ということになる。また,「食べる」は,語幹が「たべ」,活用語尾が「ー」「ー」「る」「る」「れ」「ろ」ということになる。そして,「来る」や

「する」は語幹が「なし」で，すべてが活用語尾ということになる。
　このような「語幹」「活用語尾」の厳密な適用は，ローマ字表記で示すことによって，さらに明確にすることができる。

種類	語例	語幹	未然形	連用形	終止形	連体形	仮定形	命令形
五段	書く	kak	=a =o	=i	=u	=u	=e	=e
上一段	見る	mi	−	−	=ru	=ru	=re	=ro
下一段	食べる	tabe	−	−	=ru	=ru	=re	=ro
カ変	来る	k	=o	=i	=uru	=uru	=ure	=oi
サ変	する	s	=a =i =e	=i	=uru	=uru	=ure	=iro

　このように表記すると，五段動詞「書く」の語幹は「kak」，活用語尾は「a, i, u, e, o」となり，「五段」の意味もはっきりする。また，「上一段」「下一段」は，先の仮名表記でも明らかではあったが，それぞれの活用語尾が「ru, ru, re, ro」と同形となるため両者を区別する必然性がなくなる。そして，「カ変」と「サ変」の語幹がそれぞれ「k」と「s」という形で現れることになる。
　以上のように整理すると，現代語の動詞は，大きく「五段活用」「一段活用」「変格活用」の三種類（「カ変」「サ変」を分ければ四種類）に分けて考えることができる。

―〔考えてみよう・2〕――――――――――――――――
　「サ変動詞」の未然形が「さ・し・せ」と三つあるのはどうしてだろうか。「未然形」がどういう言葉に続くのか，そこから考えてみよう。
―――――――――――――――――――――――――

　例えば，「書く」が「れる」に続く時には「書かれる」，「ない」に続く時には「書かない」，「ず」に続く時には「書かず」になる。このような「（ら）れる」「ない」「ず」などに続く時の形が「未然形」であり，「書く」であれば「書か」という形になる。
　ところが，「する」が「れる」に続く時には「される」，「ない」に続く時には「しない」，「ず」に続く時には「せず」になる。そのため，「サ変動詞」の「する」の場合には，未然形と呼べる形が「さ・し・せ」と三種類あることになる。

4．連用形（1）――マス形

「連用形」の一つ目として，「ます」に続く形があるが，このような「ます」に続く形，あるいは「ます」のついた形のことを，日本語教育ではマス形あるいは「ますフォーム」（masu-form）などと呼んでいる。

―〔考えてみよう・3〕――――――――

　次の動詞の「マス形」の規則を整理してみよう。(1)「ます」に続く直前の仮名をローマ字表記して，最も大きな規則を見つける。(2)次に，「ます」に続く直前の仮名を整理して，例外を見つけよう。

　　会う　　遊ぶ　　歩く　　行く　　急ぐ　　写す　　打つ　　移る
　　おっしゃる　　泳ぐ　　書く　　切る　　着る　　来る　　死ぬ
　　する　　立つ　　食べる　　投げる　　なさる　　飲む　　話す
　　学ぶ　　読む　　見る　　笑う

(1)まず，「会う」であれば，「ます」に続く直前の仮名をローマ字で表記すると，会う→あい（ai）ます，になるから「i」となる。同様に，遊ぶ→あそび（asobi）ます，だから「bi」，歩く→あるき（aruki）ます，だから「ki」…移る→うつり（utsuri）ます，おっしゃる→おっしゃい（ossyai）ます，着る→き（ki）ます，食べます→たべ（tabe）ます，投げます→なげ（nage）ます…などと活用させながら，整理してみる。

このように整理していくと，すべての動詞の「マス形」は「i」か「e」になることがわかる。

(2)次に，「ます」に続く直前の仮名を整理してみる。

会う→い，遊ぶ→び，歩く→き，行く→き，急ぐ→ぎ，写す→し，打つ→ち，移る→り，おっしゃる→い，泳ぐ→ぎ，書く→き，切る→り，着る→き，来る→き，死ぬ→に，する→し，立つ→ち，食べる→べ，投げる→げ，なさる→り，飲む→み，話す→し，学ぶ→び，読む→み，見る→み，笑う→い

大きく，五段動詞・一段動詞・変格動詞に分けて見ると，会う，遊ぶ，歩く，などの五段動詞は，終止形と同じ行のイ段の仮名＜う→い，ぶ→び，く→き＞になっており，着る，見る，食べる，投げる，などの一段動詞は終止形の「る」を取った仮名＜き（る）→き，み（る）→み，たべ（る）→べ，

なげ（る）→げ>に，「する」「くる」という変格動詞は，「る」を取って，それぞれの行のイ段の仮名<す（る）→し，く（る）→き>になっている。

しかし，五段動詞の中の「おっしゃる」「なさる」は，終止形と同じ行のイ段の仮名，つまり「る→り」にはならず，「る→い」になっている。こうした「敬語動詞」（他に「いらっしゃる」「くださる」「ござる」など）は五段動詞の中の例外となる。ただし，マス形ではなく，いわゆる「連用中止」の形，例えば，会う→会い，遊ぶ→遊び，という形については，他の五段動詞と同様，おっしゃる→おっしゃり，なさる→なさり，のように「る→り」となっている。

5．連用形（2）——音便形・テ形

連用形の二つ目の「て」に続く形，あるいは「て」のついた形のことを，日本語教育ではテ形あるいは「てフォーム」（te-form）などと呼んでいる。

―〔考えてみよう・4〕―――――――――
次の動詞の「テ形」を確認してみよう。
会う　遊ぶ　歩く　行く　急ぐ　写す　打つ　移る
泳ぐ　書く　切る　着る　来る　死ぬ　する　立つ
食べる　投げる　飲む　話す　学ぶ　読む　見る
笑う

それぞれのテ形は以下の通りである。
会う→あって，遊ぶ→あそんで，歩く→あるいて，行く→いって，急ぐ→いそいで，写す→うつして，打つ→うって，移る→うつって，泳ぐ→およいで，書く→かいて，切る→きって，着る→きて，来る→きて，死ぬ→しんで，する→して，立つ→たって，食べる→たべて，投げる→なげて，飲む→のんで，話す→はなして，学ぶ→まなんで，読む→よんで，見る→みて，笑う→わらって

上のテ形を，終止形の活用語尾によって整理してみると，どういう規則が見つかるだろうか。終止形の活用語尾が「る」になるものは，五段活用の動詞，一段活用の動詞，カ変活用の動詞であるが，それぞれの動詞で規則があ

るかどうかを確認してみよう。

　　会う→あって　　　笑う→わらって
　　歩く→あるいて　　行く→いって　　書く→かいて
　　急ぐ→いそいで　　泳ぐ→およいで
　　写す→うつして　　話す→はなして
　　打つ→うって　　　立つ→たって
　　死ぬ→しんで
　　遊ぶ→あそんで　　学ぶ→まなんで
　　飲む→のんで　　　読む→よんで
　　移る→うつって　　切る→きって
　　着る→きて　　　　見る→みて
　　食べる→たべて　　投げる→なげて
　　来る→きて
　　する→して

　一段動詞，変格動詞の「テ」に続く形は，「マス」に続く形と変わらない。それに対して，五段動詞のテ形はかなり複雑である。また，同じように「る」で終わる動詞であっても，五段動詞だけは「テ」に続く形が「マス」に続く形とは変わっている。

　五段動詞のテ形を終止形活用語尾からの関係で整理すると，次のようになる。

　　「う」・「つ」・「る」→「って」　　　「す」→「して」
　　「く」・「ぐ」→「いて（で）」　　　「ぬ・ぶ・む」→「んで」

　五段動詞のテ形の中で，「って」，「いて（で）」，「んで」になるものは，それぞれ「促音便」「イ音便」「撥音便」と呼ばれる「音便形」となっている。

〔考えてみよう・5〕

　　上の規則の中で例外が一つあるがそれは何か。そのほかにも例外があるだろうか。

　「行く」は，規則に従えば「く→いて」であるから「行いて」になるわけだが，実際には「行って」となり，例外となる。方言まで含めれば，「歩く」

→「歩って」などもあるため唯一の例外とは言えなくなるが，共通語では「行く」だけが「く→いて」の例外である。
　ほかにも，「問う」「乞う」などは，「問うて」「乞うて」となり，「う→って」の例外である。

【問題1】
「る」で終わる動詞がどの活用になるか，見分ける方法について整理してみよ。

【問題2】
　いわゆる国文法で扱う活用表と，日本語教育で扱う活用表とは違っている。国語辞典や日本語教科書などにより，どのような活用表があるか調べてみよ。

第2節　古典語の活用

1．古典語の動詞活用表

　古典語の動詞の活用形には，
(1) ただ今宵のうちによろづのことを捨てて参れ。〈ただもう今夜のうちに万事を水に流して参上しなさい。〉（枕草子　さて,その左衛門の陣などに）
(2) これを聞くに，蔵人の少将は死ぬばかり思ひて〈これを聞くと，蔵人の少将は死ぬほど思いつめて〉（源氏物語　竹河）

のように，現代語と同じ語形もあるし，
(3) かう世を捨つるやうにて明かし暮らすほどに〈こんなふうに世を捨てたようにして一日一日暮らしているので〉（源氏物語　若菜上）
(4) 死ぬるにまさる恥なることも，よき人の御身には，なかなかはべるなり。〈死ぬ以上の恥であることも，身分の高い方にはかえってあるものでございます。〉（源氏物語　浮舟）

のように，現代語にはない語形も見られる。活用の種類にしても，けっして現代語と同じではない。本章の現代語のところで検討した通り，どの活用形になっても変化していない部分である語幹や，変化する部分である活用語尾は，ローマ字表記を採用することによって，より厳密にとらえることができ

る。そこで，ここでは古典語動詞の活用表も，ローマ字を用いて作り直してみることにしたい。

───[考えてみよう・1]───
　古典語の動詞「咲く」「見る」「蹴る」「起く」「捨つ」「来」「す」「死ぬ」「あり」の活用表を，ローマ字を用いて作成してみよう。
─────────────

できあがった下の活用表を見ると，九種類の活用の共通点と相違点も，よりはっきりとしてくる。例えば，上二段活用と下二段活用とは，その名称からもうかがえる通り，非常によく似ており，二つの活用を分けているのは特定の母音の差異にすぎないことが見てとれる。また，変格活用という名称であっても，他のタイプとまったく異なるわけではなく，四段活用によく似たものもあれば二段活用に近いものもあり，両活用の複合といった把握ができるものも見受けられる。さらに，活用形は一般に六つに分けられているが，実際に六通りの語形がそろっている活用の型は一種類だけであり，逆に見れば，この一種類によって六つの活用形を立てる結果になっていることなども理解できる。

種類	語例	語幹	未然形	連用形	終止形	連体形	已然形	命令形
四段	咲く	sak	=a	=i	=u	=u	=e	=e
上一段	見る	mi	—	—	=ru	=ru	=re	=yo
下一段	蹴る	ke	—	—	=ru	=ru	=re	=yo
上二段	起く	ok	=i	=i	=u	=uru	=ure	=iyo
下二段	捨つ	sut	=e	=e	=u	=uru	=ure	=eyo
カ変	来	k	=o	=i	=u	=uru	=ure	=o
サ変	す	s	=e	=i	=u	=uru	=ure	=eyo
ナ変	死ぬ	sin	=a	=i	=u	=uru	=ure	=e
ラ変	あり	ar	=a	=i	=i	=u	=e	=e

なお，このようにローマ字を用いて語幹と活用語尾をとらえ直すと，表の九種類の活用のうち上一段と下一段とは同一の変化をしていることになる。現代語の場合同様，まとめることが可能である。

2．已然形と仮定形

　上の活用表にある各活用形の名称のうち，「已然形」のところは，現代語の活用表では「仮定形」となっている。古典語の方の「已然形」は，もともと江戸時代に付けられた名称なので，今日では意味がわかりにくいかもしれないが，「已に然る」形ということである。これは「未だ然らざる」，すなわち，まだ動作や事態が成立していないことを示す際に使用される形という意味の「未然形」と対照される活用形で，すでにその動作や事態の成立が確定していることを示す際の形という把握による名称である。

　(5) 端の方に立ち出でて見れば，はるかなる軒端より，狩衣姿色々に立ちまじりて見ゆ。〈端の方に出て見やると，軒先の遙か先の方に，狩衣姿が色さまざまに入り交じって見える。〉（源氏物語　手習）

を例にとると，実際に部屋の端の方に出て外を見る行為をしたからこそ，狩衣姿が色さまざまに入り交じって見えるわけで，「もし外を見たら」などといった解釈があたらないことは明らかである。一方，現代語の場合は，「屋上から見れば，よく見えるかもしれない」の「見れば」が「もし見たら」と言った意を表していると見られるように，この形は仮定を示す際に使用されるものと考えられ，「仮定形」と称されるわけである。これは，中世を通じて進行し，江戸時代の後期頃に一般化した用法と言われている。

　古典語の「已然形＋ば」には，上に引いたような，「たまたま……たところ」といった訳出が可能な，後続の事柄との関係が多分に偶然的なもののほかに，

　(6) 大臣参りたまふべき召しあれば，参りたまふ。〈大臣が参上なさるようにとのお召しがあったので，参上なさる。〉（源氏物語　桐壺）

のような，後続の事柄の起こる理由や原因を表すもの，

　(7) 夕されば小倉の山に鳴く鹿は今宵は鳴かず寝にけらしも〈夕方になるといつも小倉の山で鳴く鹿は，今夜は鳴かない。寝てしまったらしいなあ。〉
　　　（万葉集　8・1511）

のような，ある条件の下では常に後続の事柄が起こるという，その条件を表すものがある。最後の用法は，今も「風が吹けば桶屋が儲かる」などの格言に見られるが，この恒常的な意味を担う用法から，「已然形＋ば」の仮定表

現が生じていったとする説が有力である。

なお，奈良時代の日本語には，

(8) ……引き放つ矢のしげけく　大雪の乱れて来(きた)れ　まつろはず立ち向ひしも　露霜の消なば消ぬべく　行く鳥の争ふはしに〈引き放つ矢の多いことといったら，大雪の降り乱れるように乱れ来るので，従わずに立ち向かった敵も，死ぬなら死ねと争う，そのときに。〉(万葉集　2・199)

(9) 家離(さか)りいます我妹(わぎも)をとどめかね山隠しつれ心どもなし〈家を離れ，出て行かれる妻を引き留められず，とうとう山に隠してしまった（＝死なせてしまった）ので，心もうつろだ。〉(万葉集　3・471)

といった，接続助詞の「ば」「ど」「ども」などを伴わずに，已然形が単独で条件節を形成している例が見られる。この条件節に「こそ」を投入して逆接の関係を作ったことから，「——こそ——已然形」の係り結び構文が生まれたと考えられている。

3．二つの活用表の比較

古典語動詞と現代語動詞の活用表を比較して気付くもっとも大きな違いは，古典語で九種類（上一段活用と下一段活用をまとめると八種類）立てられている活用のタイプが，現代語では五種類（一段活用を一本化すれば四種類）に減っていることであろう。以下，活用の種類ごとに細かく観察していくことにする。

まず四段活用だが，現代語の表の方にはこの名称の活用はない。しかしながら，これはこの変化のパターンを持つ動詞が消えたことを意味しない。現代語の表の一番上に五段活用として挙げられているものが，ほぼ同様の変化をしている。そもそも四段とは，その語尾変化がアイウエオの五つの段のうちアからエの四段にわたって行われることに着目した江戸時代の学者のネーミングに由来する。古典語の活用表からも，それは容易に理解できようが，同様に五段とは，アイウエオの五段すべてにその活用語尾がまたがっているための名称にほかならない。それでは，なぜ現代語に古典語にはなかったオの段が加わったのか。活用語尾として母音の「o」が取り出せるのは，「読も（う）」「行こ（う）」などの形である。また，この「o」は一般的な活用

表では未然形のところにあがっている。古典語で「読もう」「行こう」といった意志を表す場合，未然形に下接する助動詞「む」を用いた「読まむ」「行かむ」などの形が代表的だった。ところが，平安時代中頃から「む」の発音は「ん」となり，さらに中世の間に「う」が混入していく。この段階の「読まう」「行かう」から音変化によって生じたのが，「読もう」や「行こう」である。したがって，結果的に現代語では五段にまたがるものになったものの，本質的には古典語の四段活用と変わっていないのである。

次に，上一段活用の欄を観察しよう。現代語の動詞にも同じ名称の活用の型があることからもわかるとおり，ここもほとんど変化していない。命令形の語尾が「yo」から「ro」になったのが変わった点で，共通語では「yo」はやや文語的な言い回しの中に残る程度になった。

───〔考えてみよう・2〕───────────────
　現代語の動詞「蹴る」の活用表を，ローマ字を用いて作成してみよう。
─────────────────────────

下一段活用も同じ一段型であるが，こちらは上一段と違って少々注意が必要である。上一段活用では，「見る」にせよ「着る」にせよ，古典語でここに属する動詞は，現代語でも一段型の変化をしている。古典語で下一段に活用する動詞は「蹴る」だけだが，これも現代語でも一段型だとすると，「蹴ない」「蹴ます」などの形が使われていることになる。実際には「蹴らない」「蹴ります」を使っているのだから，未然形に「a」が，連用形に「i」が認められる活用になるが，これは何と呼ばれるものだっただろうか。

続いて，上二段型の動詞の活用を考えよう。現代語の活用表には，この上二段活用はない。確かに，私たちは「明日は七時に起く」「八時に起くれども」などの形は用いない。では，ここに属していた動詞群はどこに行ったのだろうか。

───〔考えてみよう・3〕───────────────
　古典語動詞「起く」の現代語での活用を，ローマ字を使って考えてみよう。
─────────────────────────

「七時に起きる」「八時に起きれば」など，常に「oki」の部分は変わらず，終止形に「ru」，仮定形に「re」が現れることから，現代語の表のどのタイ

プになったのか，容易に理解できたことと思う。これは下二段活用の場合にもあてはまる。「捨つ」を例にとれば，「ゴミを捨つ」「それを捨つれば」などとは言わず，「ゴミを捨てる」「それを捨てれば」などの形を使用する。下二段型動詞の現代語における活用のタイプは，どれになるだろう。

　残りはいわゆる変格活用の類だが，まずカ行変格活用，しばしばカ変と略称されるタイプを見よう。これは現代に至るまで存続している型である。語形に関しては，終止形の「来」が現代語では「来る」となっているのが相違点であるが，このように変わっても，それによって五段型や一段型と同じ型になったなどということはなく，依然として他の型とは異なる語尾変化のパターンを保っている。現代語の場合こそ，前述の音変化から，結果的に五段の未然形に「o」という母音一音の要素が分出されるようになったけれども，「o」という母音一音の語尾は，上に示した古典語の表を見ればわかる通り，本来他のタイプにはまったく認められないものなのである。現代語でも，五段の動詞の「o」が「う」の続く時にかぎって生じる形なのに対して，カ変の方は「ない」の付く否定表現の時も，「よう」の付く意志表現の時も，いずれの場合も未然形の語尾として取り出されるのは「o」であり，やはり特殊な活用であることがわかる。

　サ行変格活用も現代語にまで残っている活用の型であるが，表中の活用形を見ていくと，未然形，終止形，および命令形の各欄が現代語と異なる。現代語の「する」の場合，未然形や命令形には古典語の「す」に見られなかった形が加わり，やや複雑なものになっている。「す」の活用の特殊性は，未然形と連用形の欄をあわせて，他の型と比べればすぐにわかるだろう。古典語の終止形「す」が現代語で「する」になっていることについては，後で触れる。

　カ行変格活用やサ行変格活用は，現代語の動詞活用表にもあがっていて，所属する動詞にも変動のないものだったが，以下のナ行変格活用とラ行変格活用とは，現代語の方の活用表にはその名が見られない型である。先に，ナ行変格の型を扱う。この欄を見ると，未然形から終止形までは，四段活用の語尾変化のパターンとまったく変わっていない。ところが，連体形と已然形の箇所に現れるのは，二段活用の語形である。最後の命令形のところは，再

び四段活用の語形になっている。つまり，連体形と已然形のところも四段型になれば，ナ行変格活用はなくなってしまうのである。

---〔考えてみよう・4〕---
　古典語に見られたナ行変格活用の動詞は，現代語ではどの活用の型に属しているだろうか。

　ナ変に属する動詞は，「死ぬ」「去ぬ」の二語である。「死ぬ」の方が今も広く用いられているから，こちらで考えてみよう。現代語の「死ぬ」の連体形と仮定形を思い浮かべればよい。「死ぬとき」や「死ねば」から分出される語尾は，連体形が「u」，仮定形が「e」である。さらに「死のう」から未然形に「o」が認められる。古典語のナ変動詞の移行先は明らかである。

　最後に，ラ行変格活用の行方を考えよう。この活用のパターンは，すでに古典語の段階で，四段活用にきわめて近い。表からわかるとおり，終止形以外は四段活用とまったく同じである。ということは，ナ行変格活用の場合と同じように，終止形の語尾さえ四段活用と同じになってしまえば，ラ行変格活用という活用の型は消えることになる。古典語のラ変動詞は「あり」「をり」「はべり」「いますかり（いまそかり）」の四語で，現在残存しているのは前の二語，よく使用されるのは最初にあげた語だろうが，「机の上に本があり」などという言い切り表現を使う人はいない。「本がある」である。どの活用になったかは，言うまでもないだろう。

　以上，古典語の動詞の活用表と現代語のそれとを比較してきた。動詞の活用のパターンの，古典語と現代語との対応を示せば，次のようになる。なお，上一段活用と下一段活用とは一本化してよいこと，古典語の下一段活用が現代語の五段活用に移行しているのは，古典語の唯一の下一段活用動詞「蹴る」の活用のパターンの変化によること，などはすでに述べた通りである。

古典語の動詞	現代語の動詞	古典語の動詞	現代語の動詞
四段活用	→ 五段活用	カ行変格活用	→ カ行変格活用
上一段活用	→ 上一段活用	サ行変格活用	→ サ行変格活用
下一段活用	→ 五段活用	ナ行変格活用	→ 五段活用
上二段活用	→ 上一段活用	ラ行変格活用	→ 五段活用

下二段活用　→　下一段活用

　古典語では、動詞の活用の型は九種類、上一段活用と下一段活用とをまとめても八種類であるのに対して、現代語では五種類、一段活用を一つにすれば四種類だから、ほぼ半数に減少したことになる。

　そもそも、奈良時代までさかのぼった場合、動詞の活用の型は八種類だったとする説が有力である。下一段活用のただ一つの動詞「蹴る」が、「くう」と言う下二段活用の動詞だった可能性が高く、そうだとすると下一段活用はまだ存在しないことになるからである。平安時代には前掲の表に示した九種の活用が揃うが、この時代の後半には、後述するような活用の型の減少に関わる事象が目立つようになり、鎌倉時代・室町時代を通じて、活用の型の減少を推し進める事象は一般化していく。ナ行変格活用の四段（五段）活用化は比較的遅かったなど、活用の型によって時期に前後はあるが、最終的には江戸時代の間に、活用の型の減少は完了し、現在の数に落ち着いたと考えられる。

　ただし、今後も現代語の動詞に見られる五ないし四種の活用の型がすべて存続する保証はない。これまでの、活用の種類がまとめられてきた歴史的な流れから、将来、カ行変格活用とサ行変格活用は二大勢力である五段活用や一段活用に吸収されるのではないかと予測する説もある。

4．連体形終止法の一般化

　サ行変格活用の動詞「す」の終止形は、古典語では「す」、現代語では「する」だが、この「する」という語形は、古典語の方の連体形として見られる形である。また、カ行変格活用の動詞「来」の終止形は、古典語では「来」、現代語では「来る」だが、この「来る」という語形も、やはり古典語の方の連体形の形である。さらに、ラ行変格活用の「あり」の場合も、「ある」という現代語の終止形は、古典語の「あり」の連体形の語形である。つまり、現代語の「する」や「来る」「ある」といった終止形の語形は、もともとは終止形の語形ではなく、連体形の語形だったのである。これはカ変動詞やサ変動詞、ラ変動詞にかぎった話ではない。本来連体形だったものが言い切りに用いられるようになり、終止形の位置を占めるに至ったというのは、

四段動詞のように形の上では終止形と連体形の区別がつかないものも含めて，活用語全般にわたる現象なのである。

古典語の連体形には，連体修飾の用法のほかに，

(10) 浪のいと白くたつを見て〈浪がたいそう白く立つのを見て〉(伊勢物語　7段)

のように名詞に準ずる節を構成したり，

(11) つらさも忘られて，まづ涙ぞ落つる。〈つらさも自然と忘れられて，何よりまず涙がこぼれる。〉(源氏物語　賢木)

のように係り結びの結びになったりといった用法があるが，そのほかに，係り結びでなくとも，連体形で終止する場合がある。これは，

(12) 夏草の露分け衣着けなくに我が衣手の乾る時もなき〈夏草の露を分けて行くときの衣を着ているわけではないのに，私の袖は乾く間もない。〉(万葉集　10・1994)

(13) こぞの夏なきふるしてし郭公それかあらぬか声のかはらぬ〈去年の夏，こちらが耳慣れるほど盛んに鳴いたほととぎす，そのほととぎすなのか，それとも別のほととぎすなのか，去年と声が変わらないことだ。〉(古今和歌集　3・159)

のように，和歌では一種の詠嘆の情を表す際に用いられたらしい。平安時代中期以降には，物語などの会話文にも，連体止めの形が見られるようになる。

(14) 車の入りはべらざりつること，言ひはべりつる。〈車が入りませんでしたことを，申しました。〉(枕草子　大進生昌が家に)

(15) 雀の子を犬君が逃がしつる。〈雀の子を犬君が逃がしちゃったの。〉(源氏物語　若紫)

(16) 故六条院の，踏歌の朝に，女方にて遊びせられける，いとおもしろかりきと，右の大臣の語られし。〈故六条の院が，踏歌の翌朝に六条の院の女性たちで管弦の演奏をなさったのは，とてもおもしろかったと，右大臣が話された。〉(源氏物語　竹河)

会話文においては，聞き手に事態を報告したり説明したりする文脈に使用される傾向にあることが，指摘されている。

連体形を言い切りに用いる文は，平安時代の末にはますます多用されてい

く。和歌や会話文のほか，地の文にも見られるようになり，次第に特定のニュアンスを伴わない例も目立ってくる。中世に入ると，もはや連体形で言い切るのがごく普通の終止法になり，それまで言い切りに使用されていた終止形は姿を消す。こうなると，特に連体形終止法などと呼ぶ必要はない。活用表の終止形の欄にも，従来の終止形でなく，連体形の語形を記すのが妥当になる。いわば，新しい終止形の語形が誕生したわけだが，この連体形終止法の一般化は，先に触れた通り，すべての活用語に及ぶ日本語文法史上の重大な現象であった。

5．二段活用の一段化

　連体形終止法の一般化によって，上二段活用の終止形語尾は「u」から「uru」へと変化した。「起く」を例にとれば，「起くる」が終止形になったわけである。同じく，下二段活用も終止形語尾は「u」から「uru」になった。ここで，二段活用の終止形・連体形・已然形の活用語尾を並べると，「uru」・「uru」・「ure」となるが，これは，それ以前の「u」・「uru」・「ure」に比べて，一段活用の終止形・連体形・已然形の「ru」・「ru」・「re」と言う活用語尾に近いものである。二段活用は長い期間を経て一段化していくのだが，その変化にも，連体形終止法の一般化が絡んでいることがうかがえよう。
　上のような新終止形を認めて，「起くる」「捨つる」の活用表を作ってみると，上二段の「起くる」では上に示した「uru」・「uru」・「ure」の頭の「u」が「i」になることで，下二段の「捨つる」では同じ「u」が「e」になることで，それぞれ一段活用化が完了することが，確認できる。いま私たちは「起きる」「捨てる」等の形を使用しているのだから，実際に二段活用の一段化が起こったのであるが，この変化は中世になってから次第に目立つようになり，近世の後半あたりで完了したようである。

6．ナ行変格活用の消滅

　本節3項で触れたように，ナ行変格活用は，未然形・連用形・終止形・命令形と，四つの活用形が四段活用と同じ語尾変化で，連体形・已然形が二段活用型の語尾変化をするものである。したがって，四段活用との距離が近く，

四段型への移行も早く進んだと思う人もいるかもしれない。しかしながら，これも前述の通り，ナ行変格活用の四段（五段）活用への移行は遅れたのである。もう一度，連体形終止法の一般化という現象を思い起こそう。

---[考えてみよう・5]---
　連体形終止法の一般化により，ナ行変格活用の活用パターンは，どのようになったと考えられるだろうか。

　連体形終止法が一般化したことで，ナ行変格活用の場合は，むしろ四段活用との距離が開いてしまった。「死ぬ」を例にとれば，新しい終止形は「死ぬる」になるが，これは二段活用の新しい終止形と同パターンだから，むしろ二段活用の方に近づいたとも言えるほどである。それでも，江戸時代の間にはナ行変格活用の四段活用化が完了する。中世から近世にかけて，二段活用は一段活用へと移行するが，その結果，ナ行変格活用の終止形の語尾はこのグループから離れたものになる。また，二段活用と同様に一段活用型に変化するほどには，語尾変化のパターンが一段型に近くなかった。ナ行変格活用の四段活用化については，なお考えるべき点が少なくないけれども，結局，未然形・連用形・命令形が依然として四段活用と同じ語尾変化をしていたことから，こちらの型に落ち着いたのではないだろうか。特に，未然形が「a」で連用形が「i」というパターンだったことが，大きかったものと思われる。

7．形容詞の活用

　古典語の形容詞は，一般にク活用とシク活用とに分けられている。

(17)　かぎりなくかなしと思ひて，河内へも行かずなりにけり。〈（妻を）この上なく愛しいと思って，河内（の女の許）へも行かなくなってしまった。〉
　　　（伊勢物語　24段）

(18)　いかなる御宿世(すくせ)にて，やすからずものを深くおぼすべき契り深かりけむ。〈どんなご運命で，気の休まることもなく，ひどく物思いをさらなくてはならない因縁が深いのか。〉（源氏物語　夕霧）

(19)　みぎはの草に紅葉の散りとどまりて，霜いと白うおけるあした，遣水(やり)より煙のたつこそをかしけれ。〈水際の草に紅葉が散り落ちて，霜がたい

そう白く置いている早朝、遣り水から煙（＝水蒸気）の立ち上るのが、おもしろい。〉（徒然草　19段）

──〔考えてみよう・6〕──────────────
　上の(17)～(19)に見られる形容詞は、それぞれク活用だろうか、シク活用だろうか。
────────────────────────

「ふかく」「ふかき」など、終止形以外の活用形には「し」の現れないタイプをク活用、「かなしく」「かなしき」など、各活用形に「し」が見られるタイプをシク活用と呼んでいるが、古語辞典の形容詞の活用表には、下のようなものが多い。なお、未然形の「から」「しから」、連用形の「かり」「しかり」、連体形の「かる」「しかる」、命令形の「かれ」「しかれ」は、連用形の「く」「しく」に「あり」が下接・融合して成立したもので、カリ活用と呼ばれ、主に助動詞がつく時に見られる形である。「く」「し」「き」などの形容詞本来の活用に対し、「から」「かり」「かる」などを（形容詞）補助活用と称することもある。

種類	語例	語幹	未然形	連用形	終止形	連体形	已然形	命令形
ク活用	高し	たか	― から	く かり	し ―	き かる	けれ ―	― かれ
シク活用	悲し	かな	― しから	しく しかり	し ―	しき しかる	しけれ ―	― しかれ

しかしながら、ローマ字でなく仮名を用いたこの表からも、どの活用形にも共通して現れている、すなわち語幹と考える余地のある部分がまだ残っていることが見てとれる。事実、その部分を語幹に含めた活用表を載せている古語辞典もある。下にそちらの立場の表も示しておく。

種類	語例	語幹	未然形	連用形	終止形	連体形	已然形	命令形
ク活用	高し	たか	― から	く かり	し ―	き かる	けれ ―	― かれ
シク活用	悲し	かなし	― から	く かり	○ ―	き かる	けれ ―	― かれ

シク活用の全活用形に見られる「し」を語幹と解するわけである。この表の場合、ク活用の各欄とシク活用の各欄とで異なるのは、終止形のみとなる。

シク活用の方はすでに語幹に「し」が入っているため，終止形の活用語尾がない形になるのである。

では，現代語の形容詞の活用は，どのようになっているだろう。国語辞典で確かめてほしい。各活用形の語形にも変化が見られるが，大きな違いは，ク活用・シク活用という区別がないということである。

─〔考えてみよう・7〕──────────────
　古典語で二種類認められていた形容詞の活用の型が，なぜ現代語では一種類になっているのだろうか。
──────────────────────

先にあげた活用表をもう一度見てみよう。ク活用とシク活用とを分けていたのは，終止形である。だが，すでに述べた通り，文を終止する際に連体形の語形を使用することが，次第に一般化していく。これをク活用で考えると，終止形の活用語尾が「し」から「き」になったということになる。シク活用の方は，終止形は活用語尾のない形だったのが，活用語尾「き」が認められるようになったということになる。そのように活用表を作り直してみよう。

現代語では，形容詞の終止形は，「高い」「悲しい」など「い」という語尾をとる。これは，本来連体形で後に終止形の語形ともなった「高き」「悲しき」などの「き」の音便化で，平安時代から例が認められるものである。けして古典語の「高し」などの「し」が「い」になったのではない。「悲しい」の方は，「悲し」の後に「い」が付いた形になっていて，古典語の終止形より一音節増えているが，連体形だった「悲しき」の転じた語形なのだから，それも当然である。

なお，古典語の形容詞の中で，「多し」は少し変わっている。漢文訓読の文章では他のク活用形容詞と同様なのだが，女流文学などのいわゆる和文の文章になると，

⑳　廊に殿上人いと<u>多かり</u>。〈渡り廊下に殿上人が大勢いる。〉（枕草子　淑景舎，東宮に参りたまふほどのことなど）

のように，通常言い切りには現れない，カリ活用の形の方を言い切りに用いるのが一般的なのである。

8．形容動詞の活用

形容動詞についても，古語辞典の活用表を確かめてみよう。

種類	語例	語幹	未然形	連用形	終止形	連体形	已然形	命令形
ナリ活用	静かなり	静か	なら	なり / に	なり	なる	なれ	なれ
タリ活用	堂々たり	堂々	たら	たり / と	たり	たる	たれ	たれ

タリ活用は，中世の間に衰退する。現代語で形容動詞とされるのは，もっぱらナリ活用の語だが，他の活用語同様，後には終止する際にも連体形を用いるようになる。現在，形容動詞の連体形は「静かなところ」などと「なる」ならぬ「な」の形をとるが，これは連体形「なる」が音便形「なん」を経て生じたもので，この形が近世頃まで言い切りにも使用されている。

─〔考えてみよう・8〕──────────
現代語の形容動詞「静かだ」などの「だ」は，どこから来たのだろうか。

ここには断定の助動詞と言われる「だ」が，大きく関わっている。古典語で断定の助動詞と言われるのは「なり」だが，室町時代になって，その連用形「に」が接続助詞の「て」を介して「あり」と結び付いた「にてあり」から，「である」という形が生じた。これがさらに変化して「だ」が生まれた。この「なり」から「だ」への移行が，ナリ活用の形容動詞にも起こったものと思われる。

【問題】

「未然形」「已然形」という名称の由来については本文中で言及したが，そのほかの活用形の名称は，どのような点から付けられているのだろう。例えば，「未然形」「連体形」「命令形」は同じ観点からのネーミングと言えるだろうか。また，活用形の名称は，その活用形の持つ用法すべてを説明するものではない。各活用形の用法について，用例を集めて整理してみよう。

第7章 ヴォイス

第1節 現代語のヴォイス

1.「ヴォイス」(「態」)の基本的な規定
例えば,
(1) 一郎が花子をほめる。
(2) 花子が一郎にほめられる。
という二つの文を比べてみると,
 (1)一郎が(「が格」・動作主体)－花子を(「を格」・被動作主体)－ほめる。
 (2)花子が(「が格」・被動作主体)－一郎に(「に格」・動作主体)－ほめられる。
といった関係にあることがわかる。
 このように,「ほめる」と「ほめられる」といった動詞の形態の違いによって,それぞれの格の形式(「が格」－「を格」－ほめる,「が格」－「に格」－ほめられる)が規則的に変わることや,動作主体あるいは被動作主どちらに視点が置かれるか(動作主体「一郎」－ほめる,被動作主体「花子」－ほめられる)が規則的に変わる,といった文法的な現象のことを「ヴォイス」(voice・態)と呼ぶ。この場合,「ほめる」は「能動態」,「ほめられる」は「受動態」となり,(1)の文は「能動文」,(2)の文は「受動文」ということになる。
 ほかに,こうしたヴォイスに関わるものとしては,
 (3) 一郎が花子を笑わせる。
の「笑わせる」のような「使役態」がある。
 (3)の文は,「使役文」であるが,その表現の中には,
 (4) 花子が笑う。
という能動文を含むことになる。「花子が」(「が格」)－笑う(能動態)であ

るのに対し,「花子を」(「を格」) －笑わせる(使役態)という関係になっている。

このほかにも,次の二つの文
(5) 一郎はりんごを食べる。
(6) 一郎はりんごが食べられる。

において,「りんごを」(「を格」) －「食べる」(能動態)であるのに対し,「りんごが」(「が格」) －「食べられる」という関係になっている。
「食べられる」は「可能態」,(6)の文は「可能文」と呼ぶことができる。

また,
(7) 花子のことを思い出す。
(8) 花子のことが思い出される。

といった二つの文を見ると,「花子のことを」(「を格」) －「思い出す」(能動態),「花子のことが」(「が格」) －「思い出される」という関係になっていることがわかる。「思い出される」は「自発態」ということになる。

このほか,次のような授受表現
(9) 一郎が花子にりんごをあげる。
(10) 花子が一郎にりんごをもらう。

などにおいても,受動態などと類似した関係のあることがわかる。こうしたことも併せて考えていくことにする。

２．受動態

先に(1)(2)の例で見たように,動作主体を「が格」,被動作主体(動作対象)を「を格」で表す「能動態」に対し,被動作主体(動作対象)を「が格」,動作主体を「に格」で表すものが「受動態」である。受動態の文(受動文)は,被動作主体(動作対象)の側に焦点を当てた表現であると言える。

能動態から受動態を作る形式は,五段動詞の「読む」,一段動詞の「見る」,変格動詞の「する」「来る」を例にとると,「yomu→yom-areru, miru→mirareru, suru→s-areru, kuru→ko-rareru」のようになる。

第7章　ヴォイス

〔考えてみよう・1〕

次の(11)から(19)までは「受動態」の文（受動文）であるが，これらの文を「能動態」の文（能動文）に直すことによって，それぞれの受動態の違いを確かめてみよう。

(11)　一郎が花子にほめられた。
(12)　一郎が花子に質問される。
(13)　日本では日本語が話されている。
(14)　来年東京でサミットが開かれる。
(15)　一郎が花子に足を踏まれた。
(16)　花子が一郎に手紙を読まれた。
(17)　花子が一郎に遊びに来られる。
(18)　一郎は父に死なれた。
(19)　一郎と花子は雨に降られた。

(11)から(19)までの受動文は，それぞれ(11)'から(19)'までの能動文に直されるが，各文の格の形態を見るとそれぞれの受動文の性質の違いがわかる。

(11)　一郎が花子にほめられた。　→(11)'　花子が一郎をほめた。
(12)　一郎が花子に質問される。　→(12)'　花子が一郎に質問する。

受動文ではいずれも「一郎が」－「花子に」－ほめられる・質問される，であるが，能動文では「一郎を」－ほめる，と「一郎に」－質問する，という違いのあることがわかる。能動文では，「を格」－「ほめる」，「に格」－「質問する」と言うように動詞が要求する「格」の形態の違いがあるが，受動文になるとその違いはなくなるわけである。

(13)　日本では日本語が話されている。　→(13)'　日本では（日本人が？）日本語を話している。
(14)　来年東京でサミットが開かれる。　→(14)'　来年東京で（首脳国が？）サミットを開く。

こうした表現はそもそも能動文で表されることが少ない。それは，動作の主体が問題になるのではなく，動作の対象となる「日本語」「サミット」に表現上の焦点があるためである。したがって，受動文においても，ふつうは動作の主体が示されない。あえて示す場合には，「日本人（日本語母語話者）によって」「首脳国によって」などとなる。このような，感情を持たないも

のが主語となるタイプを「非情の受身」と呼ぶ。

(15) 一郎が花子に足を踏まれた。　→(15)'　花子が一郎の足を踏んだ。
(16) 花子が一郎に手紙を読まれた。　→(16)'　一郎が花子の手紙を読んだ。

　これらは，「所有（物）の受身」と言えるものであるが，受動態になったとき「一郎の足が踏まれた」「花子の手紙が読まれた」とはならない点に特色がある。つまり，「Aが，（BのC）をVする」は，「Bが，AにCをVされる」となり，「（BのC）が，AにVされる」とはならないわけである。

(17) 花子が一郎に遊びに来られる。　→(17)'（花子のところに）一郎が遊びに来る。
(18) 一郎は父に死なれた。　→(18)'（一郎の）父が死んだ。
(19) 一郎と花子は雨に降られた。　→(19)'（一郎と花子に？）雨が降った。

　これらは，「自動詞」の受動態であるが，それぞれの受動態の主体にとっての出来事，すなわち，「花子」にとって「一郎が遊びに来ること」，「一郎」にとって「父が死ぬこと」，「一郎と花子」にとって「雨が降ること」などは，主体と直接的には関わらない行為であるため，(11)から(16)の受動態が「直接受動」であるのに対して，(17)～(19)は「間接受動」と呼ばれている。なお，これらと同様の受動態は，「花子は一郎にその問題を解かれた。」→「一郎がその問題を解いた。」など「他動詞」の場合にも見出せる。このような間接受動の表現は，多く「迷惑」「被害」の意味が表されるため，「迷惑の受身」，「被害の受身」などとも呼ばれている。こうした受動態の表現は，日本語における受動態の特色である。

3．使役態

　「一郎が花子を笑わせる。」は使役態の文であるが，使役態と言うのは，その表現の中に含まれる事態（花子が笑う）を使役の主体（使役者・一郎）が引き起こしたということを表すものである。その意味では，使役態は他動詞と共通の性質を持つものであると言える。

　能動態から使役態を作る形式は，五段動詞の「読む」，一段動詞の「見る」，変格動詞の「する」「来る」を例にとると，「yomu→yom-aseru, miru→mi-saseru, suru→s-aseru, kuru→ko-saseru」のようになる。

〔考えてみよう・2〕

次の(20)(21)は使役態の文（使役文）であるが、これらを能動態の文（能動文）に直してそれぞれの使役態の違いを確かめてみよう。

(20) 一郎が花子を来させた。　(21) 花子が一郎に掃除をさせた。

---

(20) 一郎が花子を来させた。　→(20)' 花子が来た。
(21) 花子が一郎に掃除をさせた。→(21)' 一郎が掃除をした。

まず、(20)は自動詞の使役、(21)は他動詞の使役である。

自動詞からの使役は、「花子が来る」→「花子を来させる」「花子に来させる」のように、「を格」「に格」両方をとりうるが、他動詞からの使役は、「一郎が掃除をする」→「一郎に掃除をさせる」のように「に格」だけになる。これは、「一郎を掃除をさせる」というような「を格」の重複を避けるためであると言える。ただし、自動詞からの使役でも、「笑う」「流れる」のような無意志の動詞の場合には、「花子が笑う」→「花子を笑わせる」、「水が流れる」→「水を流れさせる」のように、「を格」だけとなる。

次に、使役文の表す意味としては、「（買物に行くことをいやがる）花子を（無理に）買い物に行かせる」場合と、「（買物に行きたがる）花子を買い物に行かせる（行くことを許す）」場合の二つがありうる。前者は強制的な使役（働きかけの使役）、後者は許可・許容の使役ということになる。常識的には内容によってどちらの使役であるかはほぼ明らかになる（例えば(21)の「一郎に掃除をさせる」は、強制的な使役と受け取られることになる）が、文脈を見ないことにはどちらの使役であることが決められない場合もある（(20)の使役がどちらかは、この文だけではわからない）。

使役態は、使役者（(20)であれば「一郎」、(21)であれば「花子」）が、被役者（(20)であれば「花子」、(21)であれば「一郎」）の動作を強制的に行わせるにせよ、許容するにせよ、その権限を持っていることを表すものである。では、使役者が持っている権限を表さないようにするためにはどうすればよいのだろうか。

(20) 一郎が花子を来させた。→(20)' 一郎が花子に来てもらった。

と言うように、「（来）てもらう」を用いることによって、花子の意志を尊重

した表現（同時に，一郎が花子によって恩恵を受けたことを表す表現）になる。仮に事実としては権限を持っていたとしても，「花子を来させよう」ではなく，「花子に来てもらおう」とすることで，使役者の持つ権限が表れなくなる。「てもらう」を用いることで，尊大な感じはなくなると言えよう。

〔考えてみよう・3〕

先にあげた(20)「一郎が花子を来させた。」を「花子が」で始まる文に変えるとどういう文ができるだろうか。

一つ目は，「花子が一郎に来させられた。」というふうに，「使役受動態」の文で言うことになる。文全体として，迷惑・被害の意味が出る。当然，使役態の使役者（一郎）の力もそのまま感じられる表現となっている。

二つ目は，「花子が一郎に来させてもらった。」というふうに，「使役＋授受」の文で言うことになる。許容の使役であることが明らかになる文となり，使役者の権限は感じられるものの，花子が恩恵を受けたということを表すものとなる。

このように，(20)の使役態の文を花子の立場からどう表現するかによって，(20)の使役の意味が明らかになってくるわけである。

使役態には，上に挙げた典型的な例のほか，「花子の意見は一郎を感心させた。」「一郎は手をぶらぶらさせている。」「花子は感動に心をふるわせた。」など無意志的なものもある。

4．可能態

「可能態」は，「一郎はりんごが食べられる。」のように，その動作主体が「りんごを食べる」という動作をすることができるということを表すものである。

可能態の表す意味には，その動作を行う能力があるという意味（能力可能）と，その動作が行える状況にあるという意味（状況可能・環境可能）とがある。これらの意味は文脈によって決まると言えよう。

能動態から可能態を作る形式は，受動態を作る形式と同様である。

(22)　一郎は生のピーマンを食べる。

(23)　花子は文法の本を読む。
右の二つの文を可能を表す文に変えると，
　(22)'　→一郎は生のピーマンが食べられる。
　(23)'　→花子は文法の本が読める。
のようになる。なお，「ピーマンを食べられる」「本を読める」と言うこともある。その場合には，必ずしも，「食べられる」「読める」という動詞の可能の形態と格の形態とが関連しているとは言えなくなる。

―〔考えてみよう・4〕――――――――――――――――
　「読む」の可能の形は「読まれる」ではなく，「読める」になる。「読める」は可能動詞と呼ばれるが，このような形になる動詞はどういうものだろうか。

　「会う→会える」「書く→書ける」「話す→話せる」「立つ→立てる」など可能動詞になる動詞は，いわゆる五段動詞である。「切る」「走る」のような五段動詞を可能動詞にするには，「kiru」の「u」を取り「eru」を付けて「kireru」に，「hashiru」の「u」を取り，「eru」を付けて「hashireru」のようにする。
　「見る」「食べる」「着る」などのいわゆる一段動詞やカ変動詞の「来る」などは，原則として，「見られる」「食べられる」「着られる」「来られる」などと「られる」を付けて可能の形を作ることになる（→6項）。
　なお，サ変動詞の「する」は，「できる」となるが，これは可能動詞とは呼ばれていない。

5．授受表現
　「授受表現」とは，「やる」「あげる」「もらう」「くれる」など，もののやり取りを表す動詞や，「(書い)てやる」「(取っ)てあげる」「(教え)てもらう」「(見)てくれる」など，（　）内の動作を，恩恵を与える・受けるといった観点から表す補助動詞による表現で，「受給表現」「やりもらい（あげもらい）の表現」などとも言われる。
　授受を表す文も，本動詞としては，

(24) 一郎が花子に本をあげる。
(25) 花子が一郎に本をもらう。
(26) 一郎が花子に本をくれる。

などとなり，補助動詞としては，

→(24)' 一郎が花子に本を買ってあげる。
→(25)' 花子が一郎に本を買ってもらう。
→(26)' 一郎が花子に本を買ってくれる。

などとなる。これらの例文で明らかなように，「(て)あげる」や「(て)くれる」が「(て)もらう」になると，「一郎が」は「一郎に」になり，「花子に」は「花子が」となり，受動態と同様の関係になる。

　上の例の場合，「(て)あげる」「(て)くれる」は，授受の事実としての関係には違いはないが，「(て)あげる」が中立的な描写にも用いられるのに対し，「(て)くれる」は，話し手の視点が「花子」に置かれていることを表す。授受の表現は，このような話し手の視点や立場をも表す点に特色がある。特に，共通語においては，「『わたしが』くれる」，「『わたしに』あげる・もらう」とは言えず，授受表現は，話し手がどこに置かれるかということによる制限がある。

　また，「花子が一郎にほめられた。」（受動態）と「花子が一郎にほめてもらった。」（授受表現）は文法的，意味的な共通性がある。ただし，授受の表現の場合，特に補助動詞の場合には，物の授受というだけではなく，そこに恩恵の授受が加わることになるため，特に「『私が』ほめてもらった」場合には，そこに「ありがたい」「うれしい」といった感謝や喜びのニュアンスが加わることになる。使役態のところでも触れたように，「花子が一郎に本を買わせる。」と「花子が一郎に本を買ってもらう」との意味的な違いも，恩恵感の有無に関係している。

　さらに，授受表現は敬語表現とも深い関わりを持っている。例えば，「先生に注意された」ではなく「先生に注意していただいた」，「先生がほめた」ではなく「先生がほめてくださった」という授受の敬語表現を用いることも，事実を恩恵的にとらえるかどうかといった認識の違いを表すものだと言えるだろう。

6.「ら抜き言葉」について

「この服着れるかな。」「小さくて着れないよ。」
「このケーキもう一つ食べれる？」「うーん，もう食べれない。」
などの「着れる」「着れない」，「食べれる」「食べれない」は，
「この服着られるかな。」「小さくて着られないよ。」
「このケーキもう一つ食べられる？」「うーん，もう食べられない。」
のように「着られる」「着られない」，「食べられる」「食べられない」が，本来「正しい」形であると言われている。

このような「着れる」「食べれる」などといった言葉は「ら抜き言葉」と呼ばれているが，それは，本来あるべき形としての「－られる」から「ら」を抜いて「－れる」になった言葉であるという見方から名付けられたものである。

─〔考えてみよう・5〕──────────────
「ら抜き言葉」は「手抜き言葉」なのだろうか。
─────────────────────────

「着れる」「食べれる」などといった言い方をするのは，特に言葉をいいかげんに使う若者たちであって，それは言葉の手抜きにほかならない，もっときちんと正確な言葉遣いをすべきだ，などと批判されることも多い。たしかに，「着る」「食べる」といった一段動詞の可能の形は，「着られる」「食べられる」のように「られる」を付けて作るのが正しいという立場からすれば，「着れる」「食べれる」は「誤り」であり，「手抜き」である。しかし，仮に「ら」を「抜く」ことが「手抜き」であるとしたら，例えば，

(27) 「あのTシャツ着ようと思ってたのに，妹に着れちゃったよ。」
(28) 「あのケーキ，弟に食べれちゃうからしまっとこう。」

などと「受身」の場合にも「ら抜き言葉」で言えそうなものだが，かなりくだけた場面であっても，またかなり「手抜き」の若者であっても，実際にこんな言い方はしないだろう。もし，「ら抜き言葉」の生じる原因が，「手抜き」，すなわちいいかげんに発音するとか面倒だから省略するなどといったことであるなら，それは当然「受身」の場合にも起こる現象となるだろう。ところが，「ら抜き言葉」は「可能」の場合だけに起こる現象であって，「受身」の

場合には起こらないのである。つまり，「ら抜き言葉」は必ずしも単なる「手抜き言葉」だとは言えないわけである。

なお，「ら抜き言葉」は，最近の現象ではなく，昭和初期の小説の会話などにもすでに見出せるものである（『蟹工船』『雪国』など）。

---〔考えてみよう・6〕---
「ら抜き言葉」は本当に「＜ら＞抜き」なのだろうか。

「切る」「走る」の「可能」の形は，「切れる」「走れる」である。また，現代共通語では用いないが，「切られる」「走られる」という形にすることもできる。しかし，本節4項で触れたように「切れる」「走れる」は「ら抜き言葉」ではなく，「可能動詞」と呼ばれるものである。

このように，「切る」「走る」のような五段動詞では「可能動詞」によって「可能」を表すのに対し，「着る」「食べる」のような一段動詞では「られる」を付けることによって「可能」を表すというのが，現時点での基本的な文法規則ということになる。しかしそうした「五段」「一段」という動詞のグループにこだわらず，その形だけに着目すると，「可能動詞」も「ら抜き言葉」も，「u」を取って「eru」をつけるという共通の原理から作られたと考えられる（kiru→kireru, hashiru→hashireru; kiru→kireru, taberu→tabereru）。そうならば，「着れる」「食べれる」も「切れる」「走れる」と同様に「可能動詞」だと言うこともできるだろう。つまり，「着れる」は「着られる」の「ら抜き」ではなく，「切れる」が「切る」の「可能動詞」であるのと同様に，「着る」の「可能動詞」であると考えるのである。

「着れる」「食べれる」だけでなく，「見れる」「寝れる」「投げれる」などもみな一段動詞の可能動詞だとすると，それらはすべて「ら」が抜けているというわけではなくなる。要するに，「ら抜き言葉」という言葉は必要なくなるわけである。

---〔考えてみよう・7〕---
「ら抜き言葉」という現象の背後にはもっと重要なことが隠されている。それは何だろうか。

日本語の歴史的変化の一つとして，一段動詞も可能動詞によって「可能」

を表すということが現在進行しているとすると,「ら抜き言葉」という表面的なとらえ方では,その現象に伴う重要な変化を見落とすことになる。

「着れる」「食べれる」が可能動詞であるとすると「ら」が抜けていることにはならないと述べたが,では「られる」はどこに行ってしまったのだろうか。

「切れる」「走れる」という可能動詞の出現によって,「切る」+「れる」,「走る」+「れる」という組み合わせは必要なくなってしまったのと同様に,「着れる」「食べれる」が可能動詞になったとすると「着る」+「られる」,「食べる」+「られる」という組み合わせも必要なくなると言える。つまり,可能動詞の出現によって,「抜け」てしまったのは,「ら」ではなくて「れる・られる」なのである。これは,何を意味しているのだろうか。

一段動詞の可能動詞というのは現在進行中の変化であるため,現時点では「られる」については実証的に説明することはできないが,大まかに言えることは,「れる・られる」によって「可能」の意味を表すことをしなくなりつつある,つまり,「れる・られる」によって担ってきた「受身」「尊敬」「可能」「自発」といった意味から「可能」が「抜け」つつある,ということなのである。

「れる・られる」の担う「受身」「尊敬」「自発」には,「自分の意志とは関わりなく生じる」といったような意味合いがあるのに対し,現代における「可能」というのは,「自分の意志でできる」という意味合いを持つものである。古代語においては,そうした意味で「可能」をとらえることがなかったのに対し,現代語においては「自分の力でできる」という意味で「可能」をとらえることも多いとすると,そういう「可能」の意味までを,「受身」「尊敬」「自発」につながる意味での「可能」を表す「れる・られる」に担わせることには無理があると考える方が自然なのではないだろうか。

「ら抜き言葉」という現象の背景には,古代より連綿と用いられている「（れ）る・ら（れ）る」が担ってきた「可能」の意味を,可能動詞によって担わせようとしつつあるという,日本語の歴史における一つの大きな変化があると考えられるのである。

【問題1】
　可能態に関するものとして，「見える・見られる」「聞ける・聞こえる」などのペアがあるが，それぞれどういう違いがあるか考えてみよ。

【問題2】
　「集まらせる」と「集める」，「止まらせる」と「止める」，「流れさせる」と「流す」など，自動詞の使役態と他動詞とのペアがあるものを調査して，それぞれどういう違いがあるのか考えてみよ。

第2節　古典語のヴォイス

1．古典語のヴォイス概観

　本章第1節で扱われている現象，例えば「一郎が花子をほめる→花子が一郎にほめられる」や「花子が笑う→一郎が花子を笑わせる」のように，事態をその動作の成立に関わる者のどの側からとらえるかによって「れる」「られる」や「せる」「させる」が用いられ，「が格」が「に格」や「を格」に変わるなどといったことは，古典語においても指摘できる。古典語では，一般に「受身の助動詞」「使役の助動詞」などと呼ばれている「る」「らる」や「す」「さす」「しむ」が，この現象に関わっている。ちなみに，「る」「らる」が盛んに用いられるようになるのは平安時代になってからで，それ以前は「ゆ」「らゆ」が，ほぼ現代語の「れる」「られる」の役割を担っていたとされている。

　上の助動詞のうち，「る」「らる」については，一般に「受身」のほかに「可能」「自発」「尊敬」と三つの用法が認められている。「受身」は現代語のところで取り上げた「受動態」のことである。また，「可能」も現代語のヴォイスで言及されている通り，「一郎はりんごを食べる→一郎はりんごが食べられる」といった例を考慮すれば，ヴォイスの範囲を少し広げて「可能態」として扱ってもよいだろう。

　次の「自発」だが，この用法は現代語ではあまり見られない。「自発」と言うと，「自発的に参加する」のように，自分から進んで行うことを意味するのが普通なので，用語の面でも，この用法はややわかりにくいかもしれな

い。文法用語の「自発」は,「自然にそのようになる」「ひとりでに起こる」といった意で用いられている。そのように考えると,現代語に例がないわけではなく,「故郷のことを思い出す→故郷のことが思い出される」「故人のことをしのぶ→故人のことがしのばれる」の「思い出される」「しのばれる」などが該当するだろう。これらはやはり「を格」が「が格」に規則的に変化しているから,「可能態」同様,「自発態」も認めてよいと思う。

以下では,「る」「らる」が関わる古典語の受動態・可能態・自発態,「す」「さす」が関わる古典語の使役態について,検討していく。現代語の項で取り上げた授受表現については,「取らす」と「得さす」が現代語の「やる」「くれる」と同様の対応関係にあったことが指摘されているが,平安時代の資料にはまだまとまった該当例も多くなく,なお考えるべき点もあるので,ここでは扱わない。

2．受動態

古典語の受動態は,動詞の未然形に「る」「らる」が下接して形成される。

(1) 思はぬ人におされぬる宿世(すくせ)になむ,世は思ひのほかなるものと思ひはべりぬる。〈思いもしない人に負かされた運命によって,この世は意外なものだと存じました。〉(源氏物語　少女)

(2) 物語の姫君の,人に盗まれたらむ朝(あした)のやうなれば,くはしくも言ひ続けず。〈物語の中の姫君が人に盗み出された翌朝のようなので,詳しくも話しません。〉(源氏物語　蜻蛉)

(3) 思ふ人の,人にほめらるるは,いみじううれしき。〈(自分の)好きな人が人にほめられるのは,大変うれしい。〉(枕草子　頭の弁の,職に参りたまひて)

(4) 好忠,和歌は詠みけれども,心の不覚にて,……万の人に笑はれて〈好忠は和歌は上手に詠んだけれども,思慮が浅くて,……大勢の人に笑われて〉(今昔物語集　28・3)

(5) 霞に立ちこめられて,筆の立ちども知られねば,あやし。〈霞に立ちこめられて(＝涙で視界が霞んで)筆のつく位置もわからないので,(乱筆で)見苦しい。〉(蜻蛉日記　下・天禄3年2月)

(1)は,「る」を用いて受動文にしなければ「思はぬ人のおしぬる宿世」とでもなる例で, 現代語の能動態と受動態の関係と同様にとらえられよう。

(2)も,「る」による受動文の中に,「人が姫君を盗む」という関係が見てとれる。(5)は, 現代語の「雨に降られた」と同じタイプの,「間接受動」の例である。

―〔考えてみよう・1〕――――
　上の(3)(4)の例について, 受動態の箇所を指摘し, 動作の主体や対象も示した形の能動態に変えてみよう。

さて,(1)から(5)の受動文はいずれも主語が人であるが, 現代語の受動文には, 人間や動物でない, 感情を持たないものが主語の, いわゆる「非情の受身」の存在が知られている。現代語のヴォイスのところで挙げてある「日本では日本語が話されている」「来年東京でサミットが開かれる」もその例であるし, ほかにも,

○この野菜は化学物質に汚染されている。
○せっかく咲いた桜が, 風に吹かれて散ってしまう。
○庭の灯籠が月に照らされて浮かび上がっている。
○鎌倉幕府は源頼朝によって開かれた。

など, いろいろな例を挙げることができる。「非情の受身」は, 古い時代の日本語には存在しなかったと見る説があり, 明治時代以降に西洋語の影響で生じたものとする研究もある。しかしながら, この種の受動文が古典語の資料から探し出せないわけではない。

(6) 浮き海松の浪に寄せられたる, 拾ひて, 家の内に持て来ぬ。〈浮かんだ海松(＝海藻の一つ)が波に打ち寄せられているのを拾って, 家の中に持ってきた。〉(伊勢物語　87段)

(7) 台の前に, 植ゑられたりける牡丹などのをかしきこと。〈露台の前に植えられてあった牡丹なんかの風情のあることといったら。〉(枕草子　殿などのおはしまさで後)

(8) 事ども多く定めらるる日にて, 内裏にさぶらひ暮らしたまひつ。〈多くのことが取り決められる日で, 終日宮中に伺候してお過ごしになった。〉

(源氏物語　末摘花)

(9) 御簾の吹き上げらるるを人々押さへて〈御簾が風に吹き上げられるのを女房たちが押さえて〉(源氏物語　野分)

(10) 御髪のただうちやられたまへるほど，こちたくけうらにて〈お髪が無造作にうちやられておありなのが，ふさふさとしていて美しく〉(源氏物語　御法)

(11) 月は霧に隔てられて，木の下も暗く，なまめきたり。〈月は霧にさえぎられて，木の下もほの暗く優美な感じが漂っている。〉(源氏物語　総角)

(12) 屏風の一枚たたまれたるより，心にもあらで見ゆるなめり。〈屏風が一面だけ畳まれているその隙間から，(相手にとっては)思いがけないことだが，見えるようである。〉(源氏物語　東屋)

　このように，古典語においても，人や動物などでない，非情物が主語となる受動文はけっして珍しくはないのだが，これらの例に，何か特徴はないだろうか。

　まず「る」「らる」の直後に注意してみると，「たり」が付いている例が目立つ。「り」が下接した形もある。この「たり」「り」は，一般に「完了」を表すとされる助動詞だが，ここに引いた「る／らる＋たり」の受動文は，ある動作によってもたらされた結果がなお存続しているという，その状態を表す表現になっている。例えば(6)は，「浮き海松」が現在うち寄せられつつあるのではなく，すでに浜辺にうち寄せられていて現在そこにある，その状態を描写した文であるし，(7)にしても，牡丹を植える行為を進行中のものとしてとらえているのではなく，植える作業が完了した結果の，すでに牡丹が植えてある状態を受動態の形で描写しているわけである。もちろん，(8)のような例外も見られるが，一般に，古典語，より厳密に言えば，漢文訓読文でない，平安時代の女流文学などの文章に見られる非情の受身は，現在の状態やその場で観察される状況を描写する際に多用されたようである。その点で，この種の受動文は，現代語で言えば「雨が降っている」「海が青い」といった状態・状況を描写した文に通じており，受動文ではあるものの，その状態をもたらした存在はあまり問題にならず，したがって「～に」が示されなくてもよいのだろう。

次に，各例について，その動作を行ったものを示す「に格」に注意してみたい。上で触れた通り，非情の受身では「〜に」が示されない例が珍しくないが，いつも「に格」が明示されないわけではない。「に格」が表示されている場合，その「〜に」に何か特徴はないだろうか。

──〔考えてみよう・2〕──────────
「に格」が明示された非情の受身構文の，「〜に」のところに入る名詞について，それが有情か非情物かを調べ，先の(1)〜(4)のような通常の受動文のそれと比較してみよう。

(6)(11)と(1)〜(4)とを比べると，ある相違点が浮かんでくるはずである。実は，古典語の非情の受身では，主語同様「〜に」にも非情物が収まるということが，指摘されている。

ところで，この特徴は現代語の非情の受身にも当てはまるのだろうか。このテキスト中の例文で調べると，先の「鎌倉幕府は源頼朝によって開かれた」や，現代語のヴォイスのところで言及されていた「サミットが首脳国によって開かれる」が，例外になる。ほかにも，

○この校舎はバッジオ氏によって設計された。

など，「に格」に入る名詞が非情物でない例は，容易に思い浮かぶ。ただ，以上の例の場合，動作の主体が「に」ではなく「によって」で表示されているのである。この「によって」を「に」に変えると，少し，あるいはかなり不自然な文になってしまう。いわば，現代語の非情の受身は，「によって」を用いることで，古典語のそれよりも使用されるパターンの範囲を広げているわけである。「によって」は古典語では「によりて」になるが，「によりて」自体は，古くから存在する。

(13) いみじく憎げなれば，さあらむ人をばえ思はじとのたまひしによりて，え見たてまつらぬなり。《(私は)ひどく醜いので，(あなたが)そのような人は好きになれないだろうとおっしゃったために，お目にかかれないのです。》

(枕草子　職の御曹司の西面の)

だが，現代語と違って，これが非情の受身の「に格」に使用された形跡は認められないようである。この種の例が目につきはじめるのは幕末から明治

期にかけてであるから,「によって」の受動文に関しては,西洋語文献の翻訳の影響が大いに考えられる。

3．使役態

　古典語の使役態は,動詞の未然形に「す」「さす」「しむ」が下接して構成された。「す」「さす」は平安時代に入って用いられるようになったもので,「する」「さする」,さらには「せる」「させる」となって,現在も使役の表現を担っている。「しむ」の使役態は「す」「さす」よりも古く,奈良時代の文献にまとまった例が見出せる。

(14) 人よりは妹そも悪しき恋もなくあらましものを思はしめつつ〈他の人より妹が悪いのだ。妹がいなければ恋に苦しむこともなくいただろうに,こんなに思い嘆かせて。〉(万葉集　15・3737)

(15) 恨めしく君はもあるか宿の梅の散り過ぐるまで見しめずありける〈あなたは恨めしいお方だなあ。お宅の庭の梅が散り去ってしまうまで見せて下さらなかったなんて。〉(万葉集　20・4496)

　平安時代には「しむ」は漢文訓読文の資料や,貴族の日記などのいわゆる記録資料に偏って使用されており,女流文学など和文の文献では,「す」「さす」の使用が一般的である。

──[考えてみよう・3]──
　下の(16)～(19)の使役態について,「に格」を「が格」にした能動態の形に直してみよう。

(16) その通ひ路に,夜ごとに人を据ゑて守らせければ〈その通路に,毎夜人を置いて守らせたので〉(伊勢物語　5段)

(17) そこなる人に,みな,滝の歌詠ます。〈そこにいる人にみな,滝の歌を詠ませる。〉(伊勢物語　87段)

(18) 所の御前どもに水飯食はすとて〈桟敷の方々が前駆の人たちに水飯を食べさせると言って〉(枕草子　よろづのことよりも)

(19) 人召して,車妻戸に寄せさせたまふ。〈人を呼んで,車を妻戸に寄せさせなさる。〉(源氏物語　東屋)

これらの例は，現代語の使役態とまったく同様に考えることができる。⒃や⒆は「に格」にあたる要素が「〜に」の形で示されてはいないが，容易に補えるはずである。現代語でも，「弟を呼んで荷物を運ばせた」といった表現は珍しくない。
　古典語の使役態の中には，特殊な例として注目されてきたものもある。

⒇　右の眼(まなこ)を射させて，その矢を抜かずして，筈(はず)の矢を射て敵を討ち〈右眼を射させて，その矢を抜かないまま，矢を射返して敵を討ち〉(保元物語　中・白河殿攻め落とす事)

(21)　しころをかたぶけよ，内かぶと射さすな。〈しころを下に傾けろ，かぶとの内側を射させるな。〉(平家物語　9・一二之懸)

(22)　景高討たすな，続けや者ども。〈景高を討たせるな，後に続け，者ども。〉(平家物語　9・二度之懸)

(23)　太田太郎，我が身手負ひ，家の子郎等多く討たせ，馬の腹射させて引き退く。〈太田太郎は，自分自身傷を受け，家の子郎等を大勢討たせ，馬の腹を射させて後退する。〉(平家物語　12・判官都落)

　これらは軍記物語によく見られる使役態で，「射らる」「討たる」などの受身の表現を嫌った，武士の強がりの気持ちによる使役態と説かれることのある例であるが，単純に武士独特の「す」「さす」による受身用法などとして済ますべきではないだろう。次のように，似たような例ではあるが，武士の強がりなどとは無関係と思われるものもある。

(24)　浪に足うち洗はせて，露にしほれて，その夜はそこにぞ明かされける。〈(島に取り残された俊寛僧都は)浪に足を洗わせ，露に濡れて，その夜はその場で夜を明かした。〉(平家物語　3・足摺)

　ここで，現代語の「よく寝ていたのでそのまま寝かせておいた」「泣きたいだけ泣かせてやろう」「好きに言わせておけ」などの使役文を思い起こしてみよう。これらは，現代語のヴォイスの項に出てきた言葉で言えば，「強制的な使役」ではなく「許可・許容の使役」で，「〜するにまかせる(ほうっておく)」意だから，「放任」とでもした方がよいような例である。上に挙げた軍記物語に見られる使役態も，同様に理解することができようか。
　ただ，⒇〜(23)の使役態は，望まない事態に関して使役表現を用いたもので

あるから、その点ではむしろ「子どもを肺炎で死なせてしまった」といった場合に連なっていると言えそうである。

もう一つ、注意が必要な使役態の例を示す。

⑳　そこにありけるかたゐおきな、板敷きの下にはひ歩きて、人（＝親王たち）にみな歌詠ませはてて詠める（伊勢物語　81段）

─〔考えてみよう・4〕──────────────
　　上の⑳の例を、使役態の箇所に注意して現代語訳してみよう。
────────────────────────

「かたゐおきな」は卑下した言い方だとしても、この老人が親王より上位者とはとうてい考えられず、この「歌詠ます」は非常に失礼な物言いになりかねない。これが誤りでなかったとすれば、こちらが発想を転換しなくてはならない。親王たちに働きかけて歌を詠ませることはできないから、現実には親王たちが詠み終わるのを待つしかない。それを使役態で表現したというのは、おそらく、ただぼうっとしているのでない、意識してひたすら待つ、じっと待つという姿勢を示したかったからであろう。そのような微妙なニュアンスが、使役態を使うことで表されているのである。ちなみに、使役態と他動詞とは密接な関係にあるが、他動詞にも同様の例が認められる。

㉖　さるにても、雨やめて出でたまへ。〈出かけるにしても、雨が止むのを待ってからお出かけなさい。〉（無名抄）

上の例文は、雨のさなかに急いで出かけようとする人物をいさめる発話だが、「雨やみて」ではないことに注意してほしい。

4．可能態

古典語の可能表現は、受動態同様、「動詞未然形＋る／らる」の形をとった。

㉗　「などいらへもせぬ」と言へば、「涙のこほるるに目も見えず、ものも言はれず」と言ふ。〈（男が）「どうして返事もしないのか」と言うと、（女は）「涙がこぼれるので目も見えません、ものも言えません」と言う。〉（伊勢物語　62段）

㉘　病は胸。もののけ。脚の気。はては、ただそこはかとなくて、もの食

はれぬ心地。〈病気と言ったら胸の病。物の怪。脚気。更には，ただ何となくものが食べられない心持ち。〉（枕草子　病は）

(29)　夜は風の騒ぎに寝られざりければ〈夜は風の騒々しさで寝られなかったので〉（枕草子　野分のまたの日こそ）

(30)　なかなかもの思ひ乱れて臥したれば，とみにしも動かれず。〈かえって心乱れて横になっているので，すぐにも起きあがれない。〉（源氏物語　松風）

(31)　臥したまへれど，まどろまれず。〈横におなりになったが，寝つかれない。〉
　　（源氏物語　総角）

―〔考えてみよう・5〕――――――――――――――――――――
　上の(27)〜(31)の可能態には，何か共通の特徴が見られないだろうか。
――――――――――――――――――――――――――――――

　奈良時代の「ゆ」「らゆ」も含め，平安時代あたりまでの可能態は，たいてい否定表現とともに用いられている。また，そこで否定されている動作は，特別な能力や強い意志がないとできないといった困難なものでなく，「言う」とか「寝る」とか，ごく簡単に成立するものが目立つ。「ゆ」「らゆ」や「る」「らる」の可能の用法は，自発の用法から生じたとする説がある。動作が「自然にそうなる」「自然にできてしまう」と把握される場合，普段は能力的にできるかどうかが問題にならず，何らかの事情で成立しない時にはじめて，「当然成立するはずなのに」という意識で取り上げられることになるだろうから，当初，不可能表現が多かった点については，この見方で説明できそうである。

　時代が下ると，「る」「らる」の可能用法は否定表現に縛られなくなり，可能態の使用範囲は広がっていく。その一方で，室町時代末期から江戸時代にかけて，いわゆる可能動詞が生じてくる。可能動詞の成立をめぐっては諸説があるが，前述の自発と可能という観点からは，「切る」と「切るる」，「折る」と「折るる」等の，四段活用の他動詞と対応する下二段活用の自動詞の存在が，類推によって「読む」に対する「読むる」といった自動詞を生んだものとする論が興味深い。この場合，「読むる」が「読むことが自然にできてしまう」といった意になることをいわば利用して，可能の意を獲得したことになるだろう。そこには「読み得る」などの形も絡んでいたかもしれない。

ともあれ、「読むる」などの下二段自動詞は、「読める」のように一段活用化し、現在では可能動詞としてすっかり定着している。この可能動詞化には、「る」が負っていた多くの用法の軽減等の要因の存在が想定されるが、結果として、古典語の「四段動詞＋る」の直系である「五段動詞＋れる」の可能態は、「行かれる」を除き、共通語では用いられなくなった。いわゆる「ら抜き言葉」は、近世を通じて進んだこの変化と同様の変化が、一段動詞やカ変動詞に起こっているものと考えられる。

5．自発態

すでに述べたように、「自発」といっても「自分から」ということではなく、「自然にそうなる」といった、主体の意志と関係なく動作が実現してしまうことを意味している。

(32) 秋来ぬと目にはさやかに見えねども風の音にぞおどろかれぬる〈秋が来たと目にははっきりと見えないけれども、風の音によって、はっと感じられることだ。〉（古今和歌集　4・169）

(33) 暁にはとく下(さ)りなむといそがるる。〈夜が明ける前には（自分の部屋へ）早く下がってしまいたいと、自然と気がせく。〉（枕草子　宮に初めて参りたる頃）

(34) 鼻の色に出でて、いと寒しと見えつる御おもかげ、ふと思ひ出でられて、ほほゑまれたまふ。〈鼻が赤くなってとても寒そうに見えた（姫君の）お顔が、不意に思い出されて、自然と笑みがお漏れになる。〉（源氏物語　末摘花）

(35) 日のあし、ほどなく差し入りて、雪少し降りたる光に、いとけざやかに見入れらる。〈日脚が近くまで射し込んで、雪が少し降り積もっているその光によって、たいそうはっきりと部屋の中まで見える。〉（源氏物語　末摘花）

(36) 深う訪ね参りたまふを見るに、あいなく涙ぐまる。〈（源氏が）志し深く訪ねて参られたのを見ると、わけもなく、自然と涙ぐまれる。〉（源氏物語　賢木）

自発の例には、可能の用法等との判別が困難なものがしばしば見られる。

上の(35)も，自発とも可能とも解することができる例である。ただ，文脈から「自然に部屋の中まで見えてしまう」状況であることが明らかな点に注意すれば，やはり，単純な可能表現として片づけるのではなく，自発の意を読みとるべきものということになろう。

可能態のところで少々触れたように，可能の用法の起源をこの用法に求める説があり，受動の用法についても，自発の意から生じたと見る立場もある。起源的にも，使役の「す」に「す」語尾の他動詞（「荒らす」「流す」「照らす」など）との関連が考えられるのに対して，「る」が「る」語尾の自動詞（「荒る」「流る」「照る」など）と関係していることはほぼ間違いないから，そのおおもとの用法に自発があったと思われる。

【問題】

「ゆ」の場合も，その用法の展開について「る」「す」のように考えられるだろうか。『万葉集』などの上代語の資料に見られる「ゆ」語尾動詞を探してみよ。自然にそのようになる意の自動詞が集められるだろうか。集まった場合，それに対応する「す」語尾の他動詞の存在の有無もチェックするとよい。

第8章　テンス・アスペクト

第1節　現代語のテンス・アスペクト

1．テンスとアスペクトの規定

　テンス（tense）とは，発話時を基準として，ある出来事が現在起こっているのか・過去に起こったのか・未来に起こるのか，といった時間的位置の相違を表し分ける文法的カテゴリーのことである。基本的に，発話時を基準とするという点で，アスペクトとは異なる。

　アスペクト（aspect）とは，ある出来事が，時間の中でどのような局面にあるのかを表し分ける文法的カテゴリーのことである。表現主体がその出来事を時間的にどのような視点からとらえ，表し分けるのかという点で，テンスとは異なる。

　テンスとアスペクトは，それぞれ以上のように規定されるが，出来事を時間的に認識するという点では共通している。例えば，次の(1)〜(4)の例をテンスとアスペクトの観点から簡単に整理すると次のようになる。

(1)　雨が降る。
(2)　雨が降った。
(3)　雨が降っている。
(4)　雨が降っていた。

　(1)ふる−(2)ふった，(3)ふっている−(4)ふっていた，という関係はテンスの観点から，(1)ふる−(3)ふっている，(2)ふった−(4)ふっていた，と言う関係はアスペクトの観点から整理したものとなる。テンスとアスペクトは切り離された関係ではなく，相互につながりを持っているものだと言えるだろう。表にすると上のようになる。

	アスペクト	
テンス	①ふる	③ふっている
	②ふった	④ふっていた

　「降る」「書く」「読む」など(1)の形態を「ル形」，「降っ（てい）た」「書

い（てい）た」「読んだ（読んでいた）」など(2)と(4)の形態を「タ形」,「降っている」「書いている」「読んでいる」など(3)の形態を「テイル形」と呼ぶことにして，それぞれの形態の持つ性質と相互の関係を考えていくことにしたい。

２．ル形の基本的な性質

「降る」「見る」「する」「来る」など，終止形が「る」で終わる動詞が多いということから，「雨が降る」「学校に来る」などの終止形で終わる述語を，「本を読む」「会社に行きます」なども含めて「ル形」と呼ぶことにして，その基本的な性質を考えていくことにする。

─〔考えてみよう・１〕─────────
(1)「雨が降る。」は現在の出来事を表していると言えるだろうか。「現在形」と言わずに「ル形」という用語を使っている理由についても考えてみよう。

「ああ，私の心に雨が降る」などと言う表現では，「雨が降る」が現在の出来事を表しているとも言えるが，一般的には，「午後から雨が降るよ」や「明日は雨が降ります」などというように，「雨が降る」は未来に起こる出来事を表す形態である。「手紙を書く」「本を読む」なども，発話時を基準とすれば，現在の出来事を表しているのではなく，未来に起こる出来事について述べていることになる。その意味では，これらのル形は「未来」の時を表現する形態であると言えるだろう。

しかし，ル形には，「門の横に犬がいる」「机の上に辞書がある」などのように，「現在」の状態を表すものもある。さらに，「（さっきからずっと）犬がいる」「（昨日から）辞書がある」と言えば，「現在」だけの状態ではなく，「現在までの状態」も表すことになる。

基本的には，「降る」「書く」「読む」など，「動き」や「行為」を表す動詞のル形は「未来」の時を表し，「いる」「ある」など，「状態」を表す動詞のル形は「現在」の時を表していると言えるだろう。ただし，「毎日雨が降る」「最近よく手紙を書く」「いつも推理小説を読む」などの場合には，「未来」ではなく，現在において繰り返される出来事や習慣を表すことになる。また，

「梅雨時には雨が降る」「あまり手紙を書かない大学生でも年賀状は書く」など，ル形で一般化された出来事について表すこともできる。

3．タ形の基本的な性質

「(昨夜)雨が降った」「(一昨日)手紙を書いた」「(先週)その本を読んだ」「(さっきは)そこに犬がいた」「(昨日は)そこに辞書があった」などタ形で表される表現は，いずれも「過去」の出来事を表していると言える。

ただし，「もう手紙を書いた」「すでにその本は読んだ」などの表現は，「過去」というより「完了」の意味が出てくる。「一昨日手紙を書いた」の否定形が「一昨日手紙を書かなかった」，「先週その本を読んだ」の否定形が「先週その本を読まなかった」であるのに対し，「もう手紙を書いた」の否定形は「まだ手紙を書いていない」，「すでにその本は読んだ」の否定形は「いまだその本は読んでいない」となることからも，その性質の違いがわかるだろう。

┌─〔考えてみよう・2〕────────────────┐
│　「あ，一郎がいた。」「なんだ，こんなところに辞書があった。」などの │
│ タ形は「過去」や「完了」を表していると言えるだろうか。 │
└─────────────────────────┘

ここでの，「一郎がいた」や「辞書があった」などのタ形は，「過去」や「完了」ではなく，「現在」の状態を表している。これらの表現は，表現主体が「一郎」や「辞書」の存在に気が付いたということを表明しているものであり，テンスを表しているわけではない。

ほかに，「さあ，ぐずぐず言わないで，早く書いた，書いた」など，命令表現として用いられるタ形もあるが，これもテンスとは関係のない用法であると言える。

4．テイル形の基本的な性質

「雨が降っている」「手紙を書いている」「本を読んでいる」などのテイル形は，「雨が降る」「手紙を書く」「本を読む」という「動き」が現在継続している状態であるということを表している。

─[考えてみよう・3]─────────────
「花が咲いている。」「車が止まっている。」などのテイル形も，動きが現在継続していることを表していると言えるだろうか。
────────────────────

　「花が咲く」「車が止まる」という動き自体は，本来，継続するという性質を持っていない。継続するという性質のない動きが「継続している」ということはあり得ないわけだから，これらのテイル形は動きの継続とは別の性質を持っていることになる。
　「花が咲いている」と言うことを時間の流れに沿って図式的に示すと，次のようになる。
「花が咲く（「咲く」という動きが起こる）」
→「花が咲いた（「咲く」という動きが終了し，「花が咲いた」状態が成立する）」
→「花が咲いている（「花が咲いた」状態が続いている）」
「車が止まっている」も同様に，
　「車が止まる（「止まる」という動きが起こる）」
→「車が止まった（「止まる」という瞬間的な動きが終了し，「車が止まった」状態が成立する）」
→「車が止まっている（「車が止まった」状態が続いている）」
　要するに，これらのテイル形は，ある出来事が成立した結果の状態であることを表していると言えるだろう。

─[考えてみよう・4]─────────────
　次のテイル形は，どういう意味を表していると言えるだろうか。
　(5)　もう原稿を十枚書いている。　　(8)　はしごをのぼっている。
　(6)　きれいな花が次々と咲いている。(9)　屋根の上にのぼっている。
　(7)　服を着ている。
────────────────────

　テイル形の表す二つの用法は，「ている」に接続する，(ア)「降る」「書く」「読む」などの「継続する動き」を表す動詞（継続動詞）のグループと，(イ)「咲く」「止まる」など「（継続性のない）瞬間的な動き」を表す動詞（瞬間動詞）のグループとの違いによって生じるという考え方があり，基本的には

そうした観点からテイル形の性質を整理することもできる。

しかし，例えば「書く」という継続動詞でも，(5)「もう原稿を十枚書いている」という表現においては，「原稿を十枚書いた」状態が成立し，現在その状態にあるということを表しているのであり，現在「書く」という動きが継続していることを表しているわけではない。また，例えば「咲く」という瞬間動詞でも，(6)「きれいな花が次々と咲いている」という表現においては，「花が咲く」という出来事が継続して起こる状態を表しているのであり，「きれいな花が咲き終わった」状態を表しているのではない。

あるいは，(7)「服を着ている」という表現は，「『着る』という動作が継続している」，「『着る』という動作が終了し，その結果の状態にある」のいずれも表すことができるため，先の基準に従えば，「着る」という動詞は継続動詞とも瞬間動詞とも言えるわけである。「のぼる」という場合も，(8)「はしごをのぼっている」ときには継続動詞で，(9)「屋根の上にのぼっている」場合には瞬間動詞ということになってしまうのである。

以上の例から考えると，継続動詞と瞬間動詞という区別，そして継続動詞のテイル形が＜動きが継続している状態＞を表し，瞬間動詞のテイル形が＜動きの結果が継続している状態＞を表すという説明だけでは，テイル形の性質が整理できないことがわかる。

そこで，「ている」に接続する動詞の違いを次のように考えることによって，テイル形の性質を整理しておきたい。動詞の表す「出来事」が，時間の中で継続する性質というのは，「降る」「読む」などの動詞だけでなく，瞬間的な動きだと考えられる「咲く」や「止まる」などの動詞にも見出せる。したがって，表現主体がある出来事について，その「動き」が継続するという観点から表現するときには，テイル形は＜動きが継続している状態＞を表すと考えるのである。例えば，「花びらが開きつつある花」を見ながら，「今花が咲いている，咲いている」と表現すれば，そのテイル形は「動きの結果が継続している状態」ではなく，＜動きが継続している状態＞を表していることになる。同様に，「服を着ている」も「着る」という動詞の「動きが継続する」という観点から表現するときには，「着ている」は＜動きが継続している状態＞を表す。

一方，動詞には，その「動き」の結果として「動きの主体」に何らかの変化を生じさせる性質を持っているものがある。そうした観点から表現する場合には，テイル形は＜動きの結果が継続している状態＞を表すことになる。例えば，「(花が) 咲く」という「動き」の結果，その「動き」の主体，すなわち花に「花びらが閉じている状態から，開いている状態への変化」を生じさせたという観点から「花が咲いている」と表現した場合には，そのテイル形は＜動きが継続している状態＞ではなく，＜動きの結果が継続している状態＞を表していることになる。同様に，「服を着ている」も，「着る」という動作によって「服を着ていない状態から着ている状態へと主体が変化する」という観点から表現するときには，「着ている」は＜動きの結果が継続している状態＞を表すことになる。

　動詞によって，基本的に「動きが継続する」という観点から表現しやすいもの，「主体が変化する」という観点から表現しやすいもの，いずれの観点からでも表現しうるもの（例えば「のぼる」），いずれの観点からも表現できないもの（例えば「ある」）が考えられる。表現主体がどの観点からとらえているかによって，テイル形が成り立つかどうか，成り立つ場合そのテイル形が何を表すか，などが決まってくると言える。

┌─〔考えてみよう・5〕─────────────────
│　「その本を毎日読んでいる。」「その本はすでに読んでいる。」「その本
│は高校生の時に読んでいる。」などのテイル形はどういう性質を持って
│いるのだろうか。
└──────────────────────────

　一般的には，これらのテイル形は，「その本を毎日読んでいる」は＜習慣＞，「その本はすでに読んでいる」は＜完了＞，「その本は高校生の時に読んでいる」は＜経験＞などと説明されることが多い。ただ，先の説明に当てはめるならば，「その本を毎日読んでいる」は＜動きが継続している状態＞，「その本はすでに読んでいる」「その本は三度読んでいる」は＜動きの結果が継続している状態＞，つまり，「読む」という行為によって主体が変化した状態になり，それが完了・経験という意味につながると考えることもできる。

　また，「花子は銀行に勤めている」「一郎はやせている」などは，それぞれ

＜動きが継続している状態＞＜動きの結果が継続している状態＞と説明することもできるが，すでに「動きの時間的な観点」が失われているとすれば，これらのテイル形は，現在の状態というより＜属性や性質＞を表しているということになる。なお，「この道は左に曲がっている」「一郎は青い顔をしている」などは，そもそも「左に曲がる」「青い顔をする」とは言わないため，テイル形だけしかない例となる。これらは，＜単なる状態＞を表している。

5．ル形・タ形・テイル形の相互関係

次の(10)と(11)の違いを考えてみよう。

(10) 明日は一日中本を読みます。

(11) 明日は一日中本を読んでいます。

(10)と(11)の違いを考えるというのは，テンスの観点からの違いではなく，アスペクトの観点からの違いを指摘するということである。

(10)の「本を読む」は，「読む」という動きが時間の中で継続していることを表そうとするのではなく，「読む」という概念を持った動作を行うということだけを表そうとしているのだと考えられる。それに対して(11)の「本を読んでいる」は，「読む」という動きが時間の中で継続していることを表そうとしている表現だと言えるだろう。

アスペクトの観点からすると，ル形は時間の流れの中で出来事を「一つのまとまり」としてとらえ，テイル形は出来事を時間の流れに沿った形で「継続している動き」としてとらえていると言える。

―〔考えてみよう・6〕――――――
　(12)「来る。見る。叫ぶ。」と(13)「来ている。見ている。叫んでいる。」との表現上の違いは何だろうか。

(12)はル形の連続した表現，(13)はテイル形の連続した表現である。上に述べたように，ル形には「一つのまとまり」という性質が，テイル形には「継続性」という性質があるということから考えると，(12)は「来る」「見る」「叫ぶ」という動きがそれぞれ完結したものとしてとらえられており，その完結した動きが次々と展開するという表現である。「来る」，そして「見る」，

そして「叫ぶ」ということになるだろう。テンスの観点を除けば、「来た。見た。叫んだ。」も同様である。それに対して、⒀では「来ている」「見ている」「叫んでいる」というそれぞれに「継続性のある動き」が継続性のあるままに展開しているという表現である。現在試合が行われているサッカー場や野球場の観客席を描写しているような表現ということになる。あまり日常的な表現であるとは言えないが、ル形とテイル形との違いが明らかになる。

6．その他のテンス・アスペクト形式

テンス・アスペクトの形式として、ル形・タ形・テイル形を中心に見てきたが、その他のアスペクト形式には、「てある」「てしまう」「ていく」「てくる」といった「テ～形」のもの、また、「（し）はじめる」「（し）かける」「（し）おわる」「（し）つづける」「（し）つつある」など、複合動詞のものなどがある。

これまでは動詞を中心に取り上げてきたが、副詞もテンス・アスペクトに重要な関わりがある。テンスの副詞としては、「いずれ」「かつて」「さっき（さきほど）」「あとで（のちほど）」「もうすぐ」などがある。また、アスペクトの副詞としては、「いよいよ」「いまにも」「ずっと」「だんだん」「ちょうど」「ふたたび」「ますます」などや、「いつも」「たえず」「たびたび」「よく」などの頻度を表すものなどがある。

【問題１】
　「あ、一郎がいる。」と「あ、一郎がいた。」とは、「一郎がそこにいることを見つけた」という点では共通しているが、表現上どのような違いがあるか、ル形とタ形のペアをいろいろあげながら説明せよ。

【問題２】
　「そうだ、明日は会議があった。」「うーん、困った。」など、テンスとは言えないタ形の例を集め、なぜタ形が使われるのか説明せよ。

【問題３】
　ある動きが始まってから終わるまでを時間の流れに沿って描写して、どのような言い方ができるかを整理してみよ。

第2節 古典語のテンス・アスペクト

1. 古典語のテンス・アスペクトに関わる諸形式

古典語でテンス・アスペクトの問題を検討する場合，その対象としてまず思い浮かぶのは，「過去の助動詞」「完了の助動詞」などと呼ばれている助動詞群だろう。前者に「き」「けり」，後者に「つ」「ぬ」「たり」「り」と，合わせて六つの助動詞が所属している。「過去」という呼称は，第1節のテンスの解説に通じるようだし，「完了」という呼称も，「ある出来事が，時間の中でどのような局面にあるのかを表し分ける文法的カテゴリー」と言うアスペクトの説明と関連しそうである。もちろん，これらの助動詞がすべてテンスやアスペクトを表す形式と言えるかどうかは，慎重に考えなくてはならないが，少なくとも，何らかの形で時間と関わる形式であることは，認めてよいだろう。それにしても，そのような助動詞が六つあるというのは，現代語と比べてかなり多い。いったいどのように使い分けていたのだろう。現代語の「た」あるいは「ている」と同様の用法を持っていたのだろうか。ここでは，この六つの助動詞を中心に，古典語のテンス・アスペクトについて検討していくことにしよう。

2.「つ」と「ぬ」

「つ」と「ぬ」は，どちらも完了を表すといわれる。発話時を基準にして，すでにその出来事が完了していることを表すのが「完了」と理解するならば，これは，テンスに関わる形式のようにも思えてくる。まず，この点を確かめておく。

(1) 「忠隆・実房なんど（犬ノ翁丸ヲ）打つ」と言へば，制しにやるほどに，からうじてなきやみ，「(忠隆タチニサンザン叩カレテイタ翁丸ハ) 死にければ，陣の外に引き捨てつ」と言へば（枕草子　うへにさぶらふ御猫は）

(2) 暮れぬれば参りぬ。御前に人々いと多く，上人などさぶらひて，物語の良き悪しき，憎きところなどをぞ定め，言ひそし。（枕草子　かへる年の二月廿日余日）

(3) 大津といふ浦に、舟に乗りたるに、その夜雨風、岩も動くばかり降りふぶきて、神さへ鳴りてとどろくに、浪の立ち来るおとなひ、風の吹きまどひたるさま、恐ろしげなること、命限りつと思ひ惑はる。(更級日記　初瀬)

(4) この後も讒奏(ざんそう)する者あらば、当家追討の院宣下されつと覚ゆるぞ。
　　(平家物語　2・教訓状)

(5) 渡し守、「はや舟に乗れ。日も暮れぬ」と言ふに乗りて渡らむとするに(伊勢物語　9段)

(6) 心ざし深からむ男をおきて、見る目の前につらきことありとも、人の心を見知らぬやうに逃げ隠れて人を惑はし、心を見むとするほどに、長き世の物思ひになる、いとあぢきなきことなり。「心深しや」などほめたてられて、あはれ進みぬれば、やがて尼になりぬかし。……みづから額髪をかきさぐりて、あへなく心細ければ、うちひそみぬかし。
　　(源氏物語　帚木)

─［考えてみよう・1］──────────────
　(1)〜(6)を現代語訳し、「つ」「ぬ」の用いられた叙述が、すでに完了した事態になっているかどうかを、検討してみよう。
───────────────────────

　(1)の場合、直前の「死にければ」から考えて、「捨ててしまった」ということであろう。発話時にすでに完了した事態に「つ」が用いられているため、過去を表していると見る人もいるかもしれない。(2)の「ぬ」も、同様に解することができる。
　では、(3)や(4)はどうだろうか。これらは古語辞典で、動作や作用が確かに実現する意を表すとか、確実に完了する意を表すなどと説明される例で、発話時より前にその事態が完結・完了しているものではない。そこに述べられているのは、まだ実現していない事柄である。現代語にするならば、これらの「つ」「ぬ」には「てしまった」という訳は当たらず、「てしまう」の方が適当なのである。(5)も同様に理解することが可能であるし、現実の時間の流れに無関係な一般論が展開されている(6)の場合も、発話時にすでに完了していた事態の叙述ではないから、「てしまう」という現代語訳が当たる。

この種の例もあることを思うと,「つ」「ぬ」の表す「完了」は, 本来発話時を基準にしてということと関わりなく, 動作・作用が時間的に展開する上でどの局面にあるのかという視点から, その完結・完了にスポットをあてたものと考えられよう。

次に,「つ」「ぬ」の相違点を探ってみる。「つ」と「ぬ」の例を集めると, その上接動詞に違いのあることがわかる。例えば『源氏物語』には,「切る」「隠す」「移す」「放つ」「立つ（下二段）」「恨む」「許す」「渡す」「開く（下二段）」「止む（下二段）」「とがむ」「暮らす」など,「つ」が下接した例があって「ぬ」が下接した例のない動詞群が存在する。逆に,「立つ（四段）」「渡る」「移る」「笑ふ」「開く（四段）」「止む（四段）」「隠る」「暮る」「消ゆ」「尽く」「忘る」「離る」などには,「ぬ」は付くが「つ」は付かない。「参る」のように「つ」も「ぬ」も付く動詞もあるから, すべての動詞が「つ」が付くか「ぬ」が付くかで整然と二分されるわけではないが, はっきりした傾向があることは間違いない。

―〔考えてみよう・2〕――――――
「つ」の付く動詞,「ぬ」の付く動詞, それぞれのグループの特徴は何だろうか。

すぐに気付くのは,「つ」が下接する動詞は他動詞が多く,「ぬ」が下接する動詞は自動詞が多いということだろう。他動詞・自動詞の別は, その動作・作用が意志的になされるものか, 自然に成立するものかという点に密接に関わるので,「つ」は作為的・意志的な動作の完了を表し,「ぬ」は自然的・無意志的な動作の完了を表すと見ることも可能だろう。ヴォイスの助動詞との承接に際しての,

(7) やをら出でて, 京に, 御車率て参るべく, 人走らせつ。〈そっと出て, 京に, 帰りのお車を引いて参るように, 使者を走らせた。〉（源氏物語　橋姫）

(8) とりはづして人にあざむかれぬべきが, さすがにものづつみし〈うっかりすると男にだまされそうでいて, そうはいっても慎み深く〉（源氏物語　夕顔）

といった,「つ」と使役の「す」「さす」,「ぬ」と受動の「る」「らる」との

結び付きも，この把握を支持するものと思われる。

　だが，これらの動詞の別については，少し異なった観点から迫ることもできる。現代語のテンス・アスペクトの節での，動詞には「動きが継続する」という面から表現しやすいものと，「主体が変化する」という面から表現しやすいものとがあると指摘した。この見方を導入すると，「つ」は前者の動詞と関係してその動作の完結・完了を表し，「ぬ」は後者の動詞と関係してその変化の完結・完了を表すものとまとめられる。前者のタイプの動詞に付き，動作がそこで完了したことを表す「つ」と異なり，主体の変化を表す動詞に付く「ぬ」の場合，結局その動作の結果生じた状態，すなわち変化完了後の状態の継続を表すことにもなる。

(9) 「あないみじや。いとあやしきさまを人や見つらむ」とて，簾（すだれ）おろしつ。〈「まあ大変。たいそう見苦しい様子を誰かが見てしまったかしら」と言って，簾を下ろした。〉（源氏物語　若紫）

(10) ここにありける琴（きん），箏（さう）の琴（こと）召し出でて，……いとなつかしくまさぐりつつながめたまふに，月さし出でぬ。〈ここにあった琴や箏の琴をお取り寄せになって，……とてもいとしい様子で手を触れながら物思いにふけっていなさると，月が輝き出た。〉（源氏物語　東屋）

　(9)の二つの「つ」は，どちらも単に「見る」「おろす」という動作の完了・完結を表している。「簾おりぬ」などとあれば，主体の簾が上がった状態から下りた状態への変化，さらにその下りた状態の継続を表すことにもなるが，「簾おろしつ」は動作主である尼君の動作が完了したことを意味するだけである。(10)の「月さし出でぬ」では，月のない状態から立ち現れた状態への変化が叙述され，このあと月の出た状態が続くこととなる。

3．「たり」と「り」

　「たり」「り」も，「つ」「ぬ」同様，一般に「完了の助動詞」と称される。「つ」については動詞「棄つ」から，「ぬ」については動詞「往ぬ」から生じたとする説が有力だが，「たり」と「り」は，どちらも存在を表す「あり」が成立に絡んでいると考えられる。「咲く」を例にとれば，「咲く＋あり」の「咲きあり」が変化して「咲けり」になり，それを「咲け」と「り」に分け

てとらえることで取り出されたのが，助動詞「り」である。「たり」の方は，「咲きてあり」から「咲きたり」の形に変化したものと見られる。実際に「てあり」の形の例もあり，この起源説はほぼ信頼してよい。だとすれば，「たり」と「り」の違いはもともとは「てあり」と「あり」との違いということになるが，実際の用例からは，「り」は四段活用とサ行変格活用だけに付くという，上接動詞の活用の種類の差異以外，両者の用法の間に明確な違いは見出せないようである。

〔考えてみよう・3〕

次の(11)を現代語訳し，二つの「り」の働きについて検討しよう。

(11) 男，はた寝られざりければ，外のかたを見出だして臥せるに，月のおぼろなるに，小さき童を先に立てて人立てり。(伊勢物語 69段)

「臥せる」の方は，「臥す」という姿勢の変化を意味する動詞に「り」が付き，その変化後の状態が存続していることを表している。「立てり」の「立つ」も姿勢の変化を示す動詞だが，ここは「男が外の方を見やって横になっていると，(いつのまにか)人が立っている」という状況だから，むしろ「人がいる」という存在を述べた文に近いものと言えるだろう。「り」「たり」の場合，成立に「あり」が関与しているためか，このように「あり」に通じる，ある状態にあることを示す面が強いようである。

〔考えてみよう・4〕

次の(12)〜(14)を現代語訳し，「たり」の働きについて検討しよう。

(12) その沢に，かきつばた，いとおもしろく咲きたり。(伊勢物語 9段)

(13) この娘，すぐれたる容貌ならねど，なつかしうあてはかに，心ばせあるさまなどぞ，げにやむごとなき人に劣るまじかりける。(源氏物語 須磨)

(14) 名だたる春の御前の花園に心寄せし人々，また引きかへしうつろふけしき，世のありさまに似たり。(源氏物語 野分)

---

(12)の「咲く」は主体の変化を述べる動詞である。その変化後の状態の存

続を「たり」が示しているわけで、現代語訳すれば「咲いている」となるところだろう。(13)や(14)もやはり状態を表しているのだが、動作・作用の結果生じた状態の存続でなく、「動詞＋たり」全体でちょうど形容詞による属性表現のように、単なる状態を表していると見られる。現代語の「すぐれている」「似ている」と同様である。

〔考えてみよう・5〕

次の(15)(16)を現代語訳し、「たり」の働きについて検討しよう。

(15) （紀伊守邸ノ様子ハ）寝殿の東面払ひあけさせて、かりそめの御しつらひしたり。水の心ばへなど、さるかたにをかしくしなしたり。田舎家だつ柴垣して、前栽など心とめて植ゑたり。（源氏物語 帚木）

(16) 聖、動きもえせねど、とかうして護身参らせたまふ。かれたる声の、いといたうすきひがめるも、あはれに功づきて、陀羅尼誦みたり。（源氏物語 若紫）

これらはどれも、「つ」が付くタイプの、主体が意志的に何かを行う意の動詞に「たり」の下接した例である。「たり」は現代語訳の際「ている」になることが多いが、「ている」ならば、このような場合動作が継続・進行中であることを示す。だが、(15)は現在、仮の部屋の支度をしている最中だとか、庭に草木を植えている最中だとかいうのではない。「たり」が関わっている動作はすでに完了しており、その結果の状態に焦点が当てられているのである。現代語で考えると、「ている」でなく「てある」がふさわしい例と言える。実は「たり」「り」がこの種の動詞に付いた場合、(15)のような例や、

(17) 月の傾くまで臥せりて、去年を思ひ出でて詠める〈月が西に傾くまで横たわっていて、去年を思い浮かべて詠んだ〉（伊勢物語 4段）

のように動作の完了・完結に焦点のある、現代語なら「た」が担当する例はさほど珍しくないが、動作が継続中であることを示していると解される例は極めて少ないとされている。(16)は継続中ととらえることも可能である。

なお、古典語で動作が継続中であることを表す場合、次に示すように、助動詞が付いていない、裸の動詞の形が用いられることが一般的だったと見ら

れる。

(18) あなむつかし。女こそものうるさがらず，人にあざむかれむと生まれたるものなれ。……かかるすずろごとに心を移し，暑かはしき五月雨の，髪の乱るるも知らで，書きたまふよ。〈ああ，困ったものだ。まったく女ってものは，面倒がらず，人にだまされようと生まれてきたものなのだな。……こんなつまらないことに夢中になり，暑苦しい五月雨に，髪が乱れるのも気付かずに，書いていらっしゃる。〉（源氏物語　螢）

(19) 小さき，童げて喜び走るに，扇なども落として，うちとけ顔をかしげなり。……かたへは，東のつまなどに出でゐて，心もとなげに笑ふ。〈小さい女童は，子どもらしく喜んで走り回り，扇なども落として，すっかりくつろいだ様子なのもかわいらしい。……一部の女童は東の縁先に出て，気遣わしげに笑っている。〉（源氏物語　朝顔）

4．「き」と「けり」

「き」「けり」は「過去を表す」と言われる。発話時を基準として，その出来事が過去に起こったことを示すのであれば，これはテンスを表す助動詞ということになる。

「き」は，特に「けり」との対比から，話し手自身が直接体験したことを回想して述べるものとされる。

(20) ある時は，風につけて知らぬ国に吹き寄せられて，鬼のやうなるもの出できて，殺さむとしき。ある時には，来し方行く末も知らず，海に紛れむとしき。ある時には，糧尽きて草の根を食ひ物としき。〈あるときは，風に任せて知らない国に吹き寄せられて，鬼のようなものが出てきて，私を殺そうとしました。あるときには，やってきた方向もこれから行く先もわからず，海で行方知れずになるところでした。あるときには，食べ物が尽きて草の根を食料にしました。〉（竹取物語　蓬莱の玉の枝）

(21) ここにも，指せる男もはべらず，宮仕へをなむせしを，人制せしかば参らずなりしに，その人田舎にて失せにしかば，この三年は相頼む人もがなと思ひて，この御社にも参りたるなり。〈私も決まった男性もおりませんし，宮仕えをしていましたが，ある男が止めましたので，（その人の妻

となり）参内しなくなりましたところ，その人が地方で亡くなりましたので，この三年は頼りになる方でもいればと思い，この御社にも参詣しているのです。〉（今昔物語集　28・1）

⑳は，かぐや姫に求婚した皇子が，虚構の冒険談を語っている発話で，「き」の使用によって，いかにも皇子自身の体験という印象を強く与えているものであり，「き」の機能がよくわかる例としてしばしば取り上げられる。㉑も，浮気者の自分の夫がそれと気づかずに口説いてきたのに対して，妻が別人を装い，嘘の身の上話で応じるもので，やはり体験談らしさを出すのに「き」が多用されている。過去を表すとはいえ，このような制約があるとすると，テンスの助動詞とするのは難しい。

　「き」の使用は話し手の直接体験にかぎられるわけではない。
㉒　音に聞き目にはいまだ見ず佐用姫が領巾振りきとふ君松浦山〈うわさに聞いてもまだ見たことはない，佐用姫が領巾を振ったという松浦山よ。〉
　　　（万葉集　5・883）

このような例については，過去のことを確かにあったものとして述べるといった説明がよく行われる。「確かにあったものとして」などと言うと，モダリティ的な性格が浮かんできて，やはりテンスを示すものとは認めにくくなるが，用例からは，「き」が「過去にあったこととして述べる」だけでなく「確かなものとして」という把握の仕方にまで及んでいるのかどうかは，必ずしもはっきりしないようにも思われる。これは「けり」との比較から相対的に感じられる語性にすぎず，実は「き」は単に発話時を基準として過去にあったことを示すもの，すなわちテンスを表すものと分析する論も少なくない。

　一方の「けり」だが，こちらはよく，過去の事柄を伝聞・伝承されたものとして述べると言われる。物語の地の文の，
㉓　今は昔，竹取の翁といふものありけり。〈今は昔，竹取の翁という者があった。〉（竹取物語　かぐや姫の生ひ立ち）
㉔　いづれの御時にか，女御，更衣あまたさぶらひたまひける中に，いとやむごとなき際にはあらぬが，すぐれて時めきたまふありけり。〈どの天皇の御代だったか，女御や更衣が大勢お仕えなさった中に，さほど高い

身分ではなくて、とりわけご寵愛をお受けの方があった。〉(源氏物語　桐壺)などの「けり」がこれである。「き」の用法を「直接体験」と呼ぶなら、こちらは非体験ということになるが、さらに、「けり」には詠嘆を表す用法も指摘されている。

[考えてみよう・6]

次の(25)(26)を現代語訳し、「けり」について、先の(23)(24)の例と比較してみよう。

(25) 人もなき空しき家は草枕旅にまさりて苦しかりけり (万葉集　3・451)

(26) 君(＝マダ少女ノ紫上)は何心もなく寝たまへるを、(源氏ガ)抱きおどろかしたまふに、おどろきて、宮の御迎へにおはしたると、寝おびれておぼしたり。……(源氏ガ)「いざたまへ。宮の御使ひにて参り来つるぞ」とのたまふに、あらざりけりとあきれて、恐ろしと思ひたれば (源氏物語　若紫)

このような「けり」は、和歌や物語の会話文及び心中思惟の部分に目立つもので、今まで気付かなかったことにそこではじめて気付く、認識していなかったことをそこではじめて認識する、といった意を表しており、明らかに(23)(24)の例とは異なる。述べられている内容も、(25)(26)はともに特に過去の事柄というわけではない。その状態や事態が成立したのは発話時より前であっても、発話時にもその状態などが存続していて、過去である成立時代よりむしろその発話時の状態に焦点を当てているのが、こういった「けり」なのだと解される。捜し物を見付けた時の現代語の「あ、あった」などを参考にするとよい。現代語のテンス・アスペクトのところで触れている通り、この種の「た」の例は、過去を表しているとは言えない。捜し物は発話時以前からそこにあったはずであるが、ここでは発話時の状態が問題になっているのであり、表現主体がその状態にはじめて気付いたことが示されている。

いわゆる伝聞・伝承の過去の「けり」と気付きの「けり」とは連なるものとしてとらえるべきだが、このように見てくると、それを簡単にテンス形式とまとめることはむずかしいようである。

5．過去・完了の助動詞のその後

　以上，古典語のテンス・アスペクトに関わる可能性のある助動詞として，過去・完了を表すとされるグループを見てきた。最後に，これらの助動詞のその後を，簡単にたどっておこう。

〔考えてみよう・7〕

　現代語の「た」は，ここで取り上げた助動詞のどれが変化したものだろうか。

　完了の助動詞と呼ばれた「つ」「ぬ」「たり」「り」のうち，「ぬ」は早くに衰え，「つ」も，もともと発話時に近い時点での動作の完了を表すことが多かったためか，中世には過去を表すものとして用いられたりしたものの，結局は衰退してしまった。これらの消滅には，本節2項で見た上接動詞の偏向が影響していると考えられる。過去を表すとされる「き」「けり」も，「そんなこともあったっけ」などの「け」の形で，「けり」がわずかに残存するのみである。

　残る「たり」「り」のうち，「り」は平安時代でもすでに四段動詞とサ変動詞に限って付くという制約があった。現代語の「た」をさかのぼると，たどりつくのは「たり」である。「たり」には，現代語の「た」にはない，状態の存続等を表す用法が少なくないが，中世の「た」にもそのような用法はまだ認められる。これが現代語の「た」のような過去表示形式になるには，「ている」や「てある」の発達も必要だったのである。

【問題】

　中古・中世の資料を用い，「てゐる」（「ている」）と「てあり」（「てある」）の用法の変遷を調べよ。

第9章 モダリティ

第1節　現代語のモダリティ

1．モダリティのとらえ方

　文の表現主体（話し手・書き手）の心的態度を表す文法的カテゴリーを「モダリティ」（modality）と言う。言語で何かを表現しようとする場合，純粋に客体的な事柄のみを取り出して中立的に叙述することは，まったくできないとは言えないが，きわめて稀である。言語がコミュニケーションの手段であるかぎり，伝えるべき事柄や相手（聞き手・読み手）に対する表現主体の判断・態度も同時に表明されるのが自然だからである。したがって文は，叙述すべき客体的な事柄部分（叙述内容・命題）と，その事柄を表現・伝達する際の表現主体の判断・態度を表す部分（モダリティ）とによって成り立ち，一般的には，下図のように，後者が前者を包み込む形でモデル化されることが多い。

図1　| 叙述内容 | モダリティ |

──〔考えてみよう・1〕──────────────
　次の文でモダリティと呼べるのはどの部分か。また，モダリティ要素が複数ある場合，その機能にどんな違いがあるだろうか。
　(1) ねえ，もしかすると，来週，桜が咲くかもしれないね。

　(1)ですぐモダリティとわかるのは，文末の「かもしれない」（一語相当として扱う）と終助詞「ね」である。「かもしれない」は叙述内容「来週，桜が咲く」についての表現主体のとらえ方を示すもので，確実とは言えないがその可能性があるという判断を表している。ところが「ね」は，叙述内容について何らかの判断を下しているわけではない。「来週，桜が咲くかもしれ

ない」と表現主体が述べたことに対して相手にも同意を求めているのである。
前述の通り，モダリティは二段階に分けて考える必要がある。

　　A　判断のモダリティ……事柄（叙述内容）そのものについての表現主体
　　　　　　　　　　　　　　の判断・態度を表すモダリティ
　　B　伝達のモダリティ……事柄（叙述内容）を相手に伝達する際の，相手
　　　　　　　　　　　　　　に対する表現主体の態度を表すモダリティ

「かもしれない」はAに，「ね」はBに属することになる。Aに属するものとしては，推量・断定・伝聞などを表す動詞の活用形や助動詞・助動詞相当連語が，Bに属するものとしては，命令・勧誘・願望・依頼・疑問などを表す動詞の活用形や助動詞・助動詞相当連語・終助詞などが挙げられる。

　ところで，上の例文のモダリティ要素はこれだけだろうか。実は，「もしかすると」もモダリティである。「かもしれない」と呼応して，可能性の程度がそれほど高くないという判断を示しているからである。また，呼びかけの「ねえ」も文末の「ね」とともに相手への働きかけを表しているのでモダリティ要素と言ってよい。この例文を図1のモデル図に当てはめれば，次のように，モダリティが叙述内容を包み込んだ図として示すことができる。

図2　ねえ，もしかすると，|来週，桜が咲く|かもしれないね

　また，この例文を，第4章で説明した文の同心円構造を用いて次のように図示することも可能である。

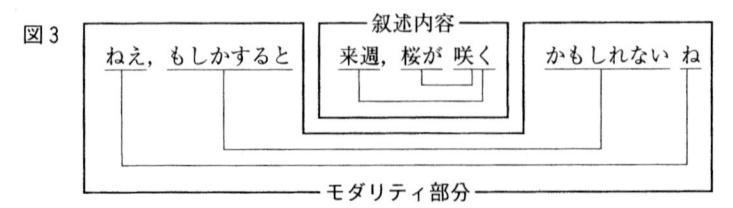

図3　ねえ，もしかすると　｜叙述内容｜　かもしれない　ね
　　　　　　　　　　　　　来週，桜が　咲く
　　　　　　　　　　　────モダリティ部分────

──〔考えてみよう・2〕──────
　次の文のモダリティ要素はどれか。また，この文を図3のような同心円構造でうまく図示できるだろうか。
　(2)　まあ，あいにく太郎は今風邪で三日も熱が下がらないんですよ。

　モダリティとは，表現主体の心的態度を示す表現すべてを包括する概念で

ある。したがって，文末表現のみに限定されるわけではなく，〔考えてみよう・1〕で扱った文頭の感動詞や文末と呼応する陳述副詞などはもちろんのこと，文全体の評価・態度に関わる文修飾の副詞（ここでは「あいにく」），主題化の「は」，とりたての機能を持つ係助詞・副助詞類（ここでは「も」）なども含まれる。さらには，文末に現れるさまざまなイントネーション（抑揚）も，下降調なら断定，上昇調なら疑問の態度を表すことになるので，重要なモダリティ要素と言える。

　なお，イントネーションは別にしても，この文を同心円構造で図示することは難しいだろう。なぜなら，「太郎は」の「は」や「三日も」の「も」は今述べたようにモダリティ要素だが（→第10章），図3のような同心円構造では，これらをモダリティ部分には入れにくいからである。そこで，図2に少し手を加えて次のようにしてみてはどうだろう。モダリティのA・Bという二段階についても，ここでは階層を分けて示してみた。

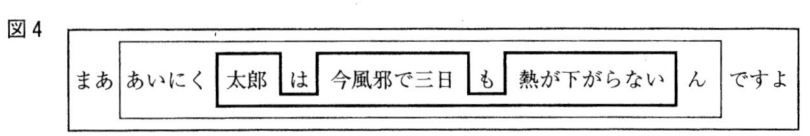

図4

| まあ | あいにく | 太郎 | は | 今風邪で三日 | も | 熱が下がらない | ん | ですよ |

　モダリティ要素は文末表現にかぎらず広い範囲にわたっていることがわかるが，一方で，助詞・助動詞はすべてモダリティであるというとらえ方も正しくない。助詞の中でも格関係を示す格助詞や，ヴォイスを表す「(さ)せる」「(ら)れる」（動詞の接尾辞），また，アスペクト・肯定否定・テンスを表す接尾辞や助動詞類も，すべて客体的な事柄を叙述しているのであって，表現主体の心的態度は表していないのである。図4には，その点も反映されている。ちなみに，第2章第1節で紹介した時枝誠記の「辞」には，格助詞やアスペクト・肯定否定・テンスも含まれており，「辞」とモダリティでは概念が異なっている。

　なお，モダリティと似たように用いられる術語に「ムード（法）」がある。ムードとは本来，表現主体の心的態度が動詞の活用形式として現れたものを言い，伝統的には印欧語の直説法・接続法・希求法・命令法などの区別を指す。日本語の場合には，述語の変化だけでなく前述のようなさまざまな方法によって表現主体の心的態度が表明されることが多いため，本書では，ムー

ドを含むより広い概念であるモダリティという呼び方で統一しておきたい。

2．表現の主観性と客観性

　モダリティは表現主体の心的態度を表すため，主観的表現などと呼ばれることもある。ここではモダリティというものをより深く理解できるように，表現の主観性と客観性について考えてみよう。
　一般に，感情を表す形容詞（感情形容詞）の主語には二人称・三人称は使えない，と言われる。つまり，

(3)　私は悲しい。

とは言えても，

(4)　＊あなたは悲しい。

(5)　＊花子は悲しい。

などとは言えないという意味である。（ただし，小説などで語り手が登場人物の内面に入り込んで感情描写する場合などでは可能である。）このことは逆に言うと，単に「悲しい」と表現した場合でも，その「悲しい」主体は必ず表現主体（一人称）に決まるということである。それに対し，事物の属性を表す形容詞（属性形容詞）の場合は，

(6)　私は　美しい／きれいだ。

(7)　あなたは　美しい／きれいだ。

(8)　花子は　美しい／きれいだ。

のように人称に制限がない。
　事物の属性のように外側から第三者が判断できるものと異なり，内面的な感情はその感情の持ち主である本人にしかわからない。そのため，その感情を直接表現することができるのも本人だけである。

〔考えてみよう・3〕

　次の表現で，それぞれ「困る」「気がする」「思う」とあるが，誰が「困る」「気がする」「思う」のだろうか。

(9)　太郎は勉強ができなくて困る。

(10)　次郎は0点を取りそうな気がする。

(11)　三郎は100点を取ると思う。

前述の人称制限は、感情形容詞にかぎらず、感情や思考を表す動詞の場合も同様に見られる。感情動詞・思考動詞が文末においてル形で終止する場合、その主体は表現主体（一人称）にかぎられるのである。それでは、自分以外の人物の内面的な感情や思考を表現することは不可能なのだろうか。

> 〔考えてみよう・4〕
> 上で触れた例文(5)で、「花子」が「悲しい」主体であることを表現するにはどうしたらよいだろうか。「悲しい」を適当な形に変えてみよう。

自分以外の人物の感情や思考を表現することは、決して不可能ではない。ただ、本人であれば直接に表現できるところを、第三者の場合には何らかの間接表現を借りることになる。

(12) 花子は悲しがっている。

(13) 花子は悲しんでいる。

のような表現は、「悲しい」が主観的表現であるのに対して客観的表現である。他人の感情や思考を直接見ることはできないが、外面に現れたその人の様子から判断して、内面の感情と結び付けて表現することができる。〔考えてみよう・3〕の(9)(10)(11)も、「ている」を付加することで、

(9)' 太郎は勉強ができなくて困っている。

(10)' 次郎は0点を取りそうな気がしている。

(11)' 三郎は100点を取ると思っている。

のように、「困る」「気がする」「思う」の主体がそれぞれ「太郎」「次郎」「三郎」に解釈できるようになる。したがって逆に、これらの表現に一人称の主体を置き、

(14) ＊私は悲しがっている。

(15) ＊私は悲しんでいる。

とすると、自分を他人扱いしているような不自然さが生じてしまうのである。
また、外側から他人の感情や思考を描くには、別の方法もある。

(16) 花子は悲しい　だろう／ようだ／らしい／みたいだ／に違いない／はずだ。（推量・推定）

(17) 花子は悲しい　かもしれない。（可能性）

(18) 花子は悲し　そうだ。(様態)

(19) 花子は悲しい　そうだ／という／とのことだ。(伝聞)

(20) 花子は悲しい　のだ／わけだ。(説明)

のように，いわゆるモダリティの助動詞類を付加する方法である。これは，表現主体の心的態度を表示するモダリティ要素で「花子は悲しい」を包み込むことによって，「花子は悲しい」自体を客観的で事柄的なものにする働きと考えてよい。「花子は悲しい」は，文として独立させようとすると人称制限を受けるが，叙述内容に組み込まれる素材としてなら存在可能なのである。

―〔考えてみよう・5〕――――
　次の二つを比較し，「思う」「思った」の主体がどう解釈できるか考えてみよう。
　(21)　太郎はもうだめだと思う。
　(22)　太郎はもうだめだと思った。

(21)の「思う」主体は表現主体だが，(22)の「思った」主体は表現主体でも「太郎」でも可能である。どうしてそうなるのだろうか。

タ形で過去の出来事として表現するということは，仮にそれが感情・思考にかかわるものであっても，心的態度の直接表現とは言えない。(22)の例で「思った」のが表現主体の場合でも，過去の時点での自分（表現主体）の心的態度を客観的に描写したことになる。過去形にすることで「思った」が客観性を獲得するため，今度は表現主体（一人称）以外の人物の過去の時点での心的態度をも表すことが可能になると考えられる。

〔考えてみよう・4〕で考えた(5)も過去形にすれば「花子」の感情を表すことができる。希望を示す「たい」なども同様である。

　(5)＊花子は悲しい。→(5)'花子は悲しかった。
　(23)＊花子は美容院に行きたい。→(23)'花子は美容院に行きたかった。

3．モダリティの三条件――表現主体・心的態度・発話時点

前項の感情形容詞や感情動詞・思考動詞の人称制限とそれを解除する条件は，モダリティの条件を考える上でも大変役に立つ。

まず、感情形容詞や感情・思考動詞に人称制限があるということは、それらの感情・思考の持ち主が「表現主体」にかぎられることを示す。また、これらの人称制限は、感情や思考といった「心的態度」を表す述語の場合にのみ生じるのであって、属性や一般的な動作を表すような述語の場合には生じない。前項で挙げた属性形容詞と同様、動作動詞の場合も当然ながら人称制限はないのである。

(24) 私／あなた／太郎　は勉強する。

さらに、このような人称制限は、文末をル形からタ形へ変える、つまり時を現在から過去の時点に移せば解消される。ということは、現在（「発話時点」）という時が、感情形容詞や感情・思考動詞にとっては不可欠だったことになる。

感情を表すこのような述語にとって重要だった「表現主体」「心的態度」「発話時点」の三条件は、実はそのままモダリティを考える上での条件となり得る。なぜならば、表現主体の感情（心的態度）を感情形容詞や感情動詞だけで直接表明するというのは、モダリティの定義からも明らかなように、モダリティ表現そのものだからである。モダリティというと、文末の助詞・助動詞などに目を奪われがちだが、ル形のままでモダリティを表示するタイプもあるのである。

モダリティの三条件を考慮すれば、モダリティとは、「発話時点における表現主体の心的態度を表す文法的カテゴリー」とまとめることができる。これに従ってモダリティとしてのあるべき姿を細かく規定してみると、以下のようになる。

(a) 発話時点、すなわち発話している今現在のことを表すのだから、その形式自体が過去形になることはない。
(b) 発話時点の心的態度を直接表明するのだから、態度そのものが存在しないことを示す否定の形になることはない。
(c) 表現主体以外の心的態度を表すことはない。

ところが、現実には、形式自体が過去形や否定形になっているもの、表現主体以外の人物の心的態度を表しているものなどが多く存在する。

(25) 二階から何回呼んでも、母の耳には入らない<u>ようだった</u>。

(26) ゆうべはゆっくり眠ったから，そんなに疲れているはずがない。

(27) 先生によれば，今年はゼミの希望者が増えるかもしれないそうだ。

(25)は「ようだ」の過去形，(26)は「はずだ」の否定形である。(27)の「かもしれない」は表現主体ではなく「先生」の判断であることが，伝聞「そうだ」によってわかる。このような，モダリティとしてのあるべき姿と現実との違いをどのように考えればよいのだろうか。

4．文末のモダリティ表現の種類とモダリティらしさ

前項で提起した問題は，モダリティにも典型的なものとそうではないものがあると考えることで，一定の解決を図ろうとするのが一般的な見方である。では具体的に，どのような表現が典型的でどのような表現がそうではないのか，いろいろな表現について検証してみることにしよう。

〔考えてみよう・6〕

次のモダリティ表現について，形式自体を過去形にできるものとできないものとに分けてみよう。

(28) 沙織さんは10月に旅行に行かなければならない。

(29) 沙織さんは10月に旅行に行くべきだ。

(30) 沙織さんは10月に旅行に行ったほうがいい。

(31) 沙織さんは10月に旅行に行くだろう。

(32) 沙織さんは10月に旅行に行くらしい。

(33) 沙織さんは10月に旅行に行くようだ。

(34) 沙織さんは10月に旅行に行くみたいだ。

(35) 沙織さんは10月に旅行に行くはずだ。

(36) 沙織さんは10月に旅行に行くかもしれない。

(37) 沙織さんは10月に旅行に行くに違いない。

(38) 沙織さんは10月に旅行に行きそうだ。

(39) 沙織さんは10月に旅行に行くそうだ。

(40) 沙織さんは10月に旅行に行くのだ。

(41) 10月に旅行に行きなさい。

(42) 10月に旅行に行くな。

(43) 10月に旅行に行ってもいい。
(44) 10月に旅行に行ってください。
(45) 10月に旅行に行こう。
(46) 10月に旅行に行きませんか。
(47) 10月に旅行に行ってほしい。

〔考えてみよう・7〕

次のモダリティ表現について，形式自体を否定形にできるものとできないものとに分けみよう。

(48) 一人だけで旅行に行くものだ。
(49) 沙織さんは10月に旅行に行くべきだ。
(50) 沙織さんは10月に旅行に行ったほうがいい。
(51) 沙織さんは10月に旅行に行くつもりだ。
(52) 沙織さんは10月に旅行に行くだろう。
(53) 沙織さんは10月に旅行に行くらしい。
(54) 沙織さんは10月に旅行に行くようだ。
(55) 沙織さんは10月に旅行に行くみたいだ。
(56) 沙織さんは10月に旅行に行くはずだ。
(57) 沙織さんは10月に旅行に行きそうだ。
(58) 沙織さんは10月に旅行に行くそうだ。
(59) 沙織さんは10月に旅行に行くわけだ。
(60) 沙織さんは10月に旅行に行くのだ。
(61) 10月に旅行に行きなさい。
(62) 10月に旅行に行くな。
(63) 10月に旅行に行ってもいい。
(64) 10月に旅行に行ってください。
(65) 10月に旅行に行こう。
(66) 10月に旅行に行きましょう。
(67) 10月に旅行に行ってほしい。

〔考えてみよう・6／7〕の答を検討する前に，文末のモダリティ表現

(述語の活用形・助動詞・助動詞相当語・終助詞) を概観しておこう。

A　判断のモダリティ
　　　断定……述語のル形・タ形
　　　当為……べきだ(べきではない)，ものだ(ものではない)，のだ(のではない)，ことだ，なければならない，なければいけない，なくてはならない，なくてはいけない，ないといけない，ほうがいい，など
　　　推量……だろう
　　　否定推量……まい
　　　推定……らしい，ようだ，みたいだ，はずだ，に違いない，など
　　　可能性……かもしれない
　　　様態……そうだ
　　　伝聞……そうだ，とのことだ，など
　　　説明……のだ，わけだ
　　　意志……動詞のル形，(よ)う，(よ)うと思う，まい，つもりだ，など
　　　比況……ようだ，みたいだ
B　伝達のモダリティ
　　　命令……動詞命令形，なさい，動詞のテ形，動詞のタ形
　　　禁止……動詞ル形＋な，てはいけない，てはだめだ，など
　　　許可……てもいい，てもかまわない，など
　　　依頼……てくれ，てください，てちょうだい，てくださいますか，てくれないか，てもらえるか，ていただけませんか，てほしい，てもらいたい，てくれるといい，など
　　　申し出……(よ)う，(よ)うか，ましょう，ましょうか，など
　　　勧誘……(よ)う，ましょう，ないか，ませんか，たらどうだ，てはどうか，など
　　　願望……てほしい，てもらいたい，(たい)
　　　疑問……か，かな，の，のか，だろうか，でしょうか，など

〔考えてみよう・6／7〕の結果を整理してみると，判断のモダリティの中で過去形にも否定形にもならないのは推量の「だろう」と否定推量の「ま

い」だけである。判断の他の表現形式は，形式上制約があるものを除いて，ほとんどの場合過去形にも否定形にもなれそうである。なかには，否定形を二形式備えているものもある（はずがない／はずではない，わけがない／わけではない）。それに対し，伝達のモダリティは過去形にも否定形にもなれないものがほとんどである。仮に形の上では過去形や否定形にできたとしても，意味的にはモダリティとは言えなくなってしまうものも多いようである。ただし，依頼表現だけは，否定形にしてもモダリティの機能はそのままで，かえって丁寧さの度合いが増すことになる。

　過去形にも否定形にもならず，表現主体の心的態度のみを表す典型的なモダリティ形式を「真正モダリティ」，過去形や否定形になることがあり，表現主体以外の心的態度を表すこともあるモダリティ形式を「疑似モダリティ」と呼ぶことがある。前者には，推量「だろう」・否定推量「まい」の他，伝達のモダリティ形式のほとんどが，後者には判断のモダリティ形式のほとんどが属する。最もモダリティらしいモダリティと言えるのは真正モダリティだが，疑似モダリティにはさまざまなレベルのものがあり，叙述内容に属する諸表現とも連続性があるため，モダリティ形式との境界を定めるのはなかなか困難である。モダリティらしさを測るテストがいろいろと考案されているが，前述の連体修飾節に入るか否かという観点もその一つである（→第5章第1節5項）。

5．類義表現の比較――いわゆる推定の助動詞「ようだ」と「らしい」

　これまではモダリティの全体的な問題について述べてきたが，ここでは個々の表現形式についてもう少し詳しく観察してみたい。具体的には，いわゆる推定の助動詞として意味的に似ているとされる「ようだ」と「らしい」を取り上げることにする。

〔考えてみよう・8〕

　次の(68)の「ようだ」の文と，(68)の「ようだ」を「らしい」に置き換えた(69)の文とでは，意味的にどのような違いが生じるだろうか。二つの文がそれぞれどのような場面や状況で用いられれば最も自然か，考えてみよう。

(68)　あしたは天気が崩れるようだ。
(69)　あしたは天気が崩れるらしい。

　「ようだ」「らしい」には，どちらを用いても意味的に差がないと思われる場合が少なくないが，どのような場面や状況のもとでその文を用いるかという点に着目すると，多少の違いが見えてくる。(68)は表現主体自らが，雲の様子や星の状態など，あした天気が崩れる前兆のようなものを見出し，それを根拠に推定した場合，(69)は天気予報や他の人の意見など，表現主体の外部からもたらされた情報を根拠に推定した場合，という状況がそれぞれにとって最も自然であろう。このことから，「ようだ」は直接情報，「らしい」は間接情報・伝聞を表すなどとも言われる。しかし，次のような文でも同じように考えられるだろうか。

(70)　天気予報によれば，あしたは天気が崩れるようだ。
(71)　天気予報によれば，あしたは天気が崩れるらしい。
(72)　門が開いているところを見ると，誰かが留守中に尋ねてきたようだ。
(73)　門が開いているところを見ると，誰かが留守中に尋ねてきたらしい。

(70)(71)は間接情報，(72)(73)は直接情報をもとに推定しているのにもかかわらず「ようだ」「らしい」のどちらも自然に用いることができる。推定の根拠が直接的か間接的かだけでは「ようだ」と「らしい」の違いを明らかにすることはできないのである。

　一方，「ようだ」と「らしい」で用法が重ならない領域もある。両表現の違いを明らかにするには，それぞれの表現の用法の傾向を見ておく必要がある。

──〔考えてみよう・9〕──
　次の各文の「ようだ」と「らしい」を比べ，どちらの表現の方がより自然に感じられるか判断してみよう。
(74)　玄関に誰か来ている（よう／らしい）ですよ。
(75)　お見受けしたところ，皆さん随分お疲れ（のよう／らしい）ですね。
(76)　目には見えないが，空気中にはさまざまな種類のダニが浮遊している（ようだ／らしい）。

(77) 私には想像もできないことだが，世界中の実験室で，遺伝子組み換えによる新種の生物が次々と作られている（ようだ／らしい）。
(78) 思っていた通り，花子はこちらの帽子の方が気に入った（ようだ／らしい）。
(79) 意外なことに，花子はこちらの帽子の方が気に入った（ようだ／らしい）。

(74)(75)は直接情報のうちでも表現主体の五感に基づいた推定である。このような場合には(73)と違って「らしい」は使えない。((74)で「らしい」を用いると伝聞としか解釈できない。) それに対し，(76)(77)は間接情報で，かつ表現主体が直接には経験や確認ができない事態に対する判断である。この場合には「らしい」の方が自然である。(70)の天気のように，表現主体にも影響が及び確認が可能なものであれば「ようだ」も使えるが，特に(77)のように表現主体がよく知らない領域での出来事については「らしい」が使われやすい。「私には想像もできない」とあるように心理的にも遠い対象である。

実は，「ようだ」と「らしい」の違いを考えるためのもう一つのポイントがこの心理的距離である。(78)(79)は叙述内容は同じだが，それに対する表現主体の予想が異なっている場合である。(78)は心理的距離が近いために「ようだ」を，(79)は逆に心理的距離が遠いために「らしい」を選ぶことになる。

(80) 新聞で見たのですが，先日のトルコの地震では4000人以上の人が亡くなった（よう／らしい）ですね。

の場合は，情報としては間接的で，「らしい」を選ぶのが普通だろうが，「ようだ」を用いることによって，心理的距離を近いものとして描くことが可能になるのである。また，表現主体がよく知っていることであっても，逆に「らしい」を用いることで心理的に遠いものとして描くこともよく行われている。例えば，

(81) 酒は百薬の長とはいっても，一度にそんなに飲んだらかえってよくないらしいですよ。

では，表現主体の判断としてではなく，よく知らないことや伝聞情報を装うことで，責任を回避し，忠告の強さを和らげる効果をねらっているのである。

以上のように,「ようだ」と「らしい」の使い分けには,推定の根拠が直接的か間接的かという点と,表現主体の心理的距離が近いか遠いかという点とが複雑に絡み合っていると考えられる。

【問題1】
「5．類義表現の比較」の「ようだ」と「らしい」と同じように「だろう」「そうだ」などの他の表現も分析してみよ。

【問題2】
小説・マンガなどから,モダリティを表すさまざまな形式を探してみよ。その際,疑似モダリティのところで触れたような,モダリティと連続性のある,叙述内容に属する諸表現にも注意して用例を集めてみよ。

第2節　古典語のモダリティ

1．古典語のモダリティ概観

現代語のモダリティの解説に従い,モダリティを,

A　判断のモダリティ……事柄（叙述内容）そのものについての表現主体
　　　　　　　　　　　　の判断・態度を表すモダリティ

B　伝達のモダリティ……事柄（叙述内容）を相手に伝達する際の,相手
　　　　　　　　　　　　に対する表現主体の態度を表すモダリティ

の二類に分けた場合,古典語ではそれぞれどのようなものが該当するだろうか。

Bの伝達のモダリティ形式には,相手に何らかの行為を求める命令・希求・依頼等の表現の形成に関与するもの,行為をしないことや行為をやめることを求める禁止表現の形成に関与するもの,相手に解答を求める問いかけに使用されるもの,さらには聞き手への持ちかけ方という側面や情報伝達の側面で機能するものなどが考えられる。

(1) かきつばた,といふ五文字を句のかみにすゑて,旅の心を詠め。〈「か・き・つ・ば・た」という五文字を各句の頭に据えて,旅の思いを詠め。〉（伊勢物語　9段）

(2) 龍の首の玉取り得ずは帰り来な。〈龍の首の玉を取れなければ帰ってくるな。〉(竹取物語　竜の首の玉)

(3) 歌は歌ふや。舞などはするか。〈歌は歌うのかい？　舞なんかはするの？〉
(枕草子　職の御曹司におはします頃，西の廂にて)

(4) わづらひはべる人，なほ弱げにはべれば，とかく見たまへ扱ひてなむ。
〈病気の者がまだしっかりしませんので，何かと世話をいたしておりまして。〉
(源氏物語　夕顔)

(4)の係助詞「なむ」は，上のＡに該当する「ぞ」「こそ」と異なり，もっぱらＡＢ双方の働きを持っている。

次に，Ａの判断のモダリティの例を示す。

(5) あはれ，昨日翁丸をいみじうも打ちしかな。死にけむこそあはれなれ。
〈ああ，昨日は翁丸をひどく叩いたことだなあ。死んでしまったらしいのが，本当にかわいそうだ。〉(枕草子　上にさぶらふ御猫は)

(6) ほととぎすの声尋ねに行かばや。〈ほととぎすの声を探し求めに行きたい。〉
(枕草子　五月の御精進のほど)

(7) いかで人より先に聞かむと待たれて〈何とかしてほかの人より先に（ほととぎすの初音を）聞こうと，自然と心待ちにして〉(枕草子　鳥は)

(8) かやうにて世の中のあやまちはするぞかし，と思ひて〈こんなふうにして男女の間違いは起こるのだな，と思って〉(源氏物語　花宴)

――〔考えてみよう・1〕――
　上の(5)～(8)には，どのようなモダリティ形式が認められるだろうか。

(5)の「あはれ」や「かな」は詠嘆の意を示すものだし，排他的なとりたてを行う「こそ」も，やはり判断のモダリティ形式と考えられる。(6)には，願望を表す「ばや」が見られる。(7)では願望や意志の表現に関わる「いかで」「む」に，(8)では断定の判断を表す「ぞ」や確認の意を表す「かし」に，それぞれ注意したい。このように，判断のモダリティ形式にはさまざまなものがあるが，次項以降は特に，「推量・推定の助動詞」と言われるグループについて見ていくことにする。

2．いわゆる「推量」「推定」の助動詞の整理

「推量」や「推定」といった用語で説明される助動詞は，「む」「らむ」「けむ」「まし」「めり」「（終止形に付く）なり」（以下「終止なり」と略称する）「べし」「まじ」「じ」などであるが，これらはいくつかのグループに分けて考えることができる。

─〔考えてみよう・2〕────────────
「推量」「推定」の助動詞について，それに過去や完了を表すとされる「き」「けり」「つ」「ぬ」「たり」「り」が下接した例を探してみよう。
──────────────────────

ヴォイスに関わる「る」「らる」や「す」「さす」には，「られけり」「られぬ」「せたり」など，過去や完了の助動詞が付くことが珍しくない。また，過去・完了の助動詞自体も，「たりつ」「にたり」などと同類の助動詞の承接する例が認められる。だが，「む」「らむ」「けむ」「じ」などの場合，その後に「き」「けり」などが付いた例は見あたらない。これは，これらの助動詞が現代語のモダリティ論で言われる「真正モダリティ」，すなわち「発話時」の表現主体の判断・態度の明示に関わるものと考えることで，理解できる現象であろう。常に発話時の表現主体の判断を示すものならば，過去あるいはすでに完了していることを示す要素が付くなどということは，ありえないからである。

ところが，同じ推量グループでも，いわゆる過去・完了の助動詞が下接可能な助動詞も見られる。

(9) 故宮亡せたまひてほどもなく，この大臣(おとど)の通ひたまひしことを，いとあはつけいやうに，世人はもどくなりしかど〈故宮がお亡くなりになってすぐに，この大臣がお通いになったことを，大変軽率なように世間の人は非難したようだったが〉（源氏物語　竹河）

(10) いとど，愁ふなりつる雪，かきたれいみじう降りけり。〈（女房たちが）こぼしていたようだった雪が，いっそう盛んに，激しく降っていた。〉（源氏物語　末摘花）

(11) もののぞきの心もさめぬめりき。〈のぞき見の気持ちもさめてしまったようでした。〉（源氏物語　夕顔）

(12) 人げなき恥を隠しつつ,まじらひたまふめりつるを〈人並みに扱われない恥を隠しながら,宮仕えをなさっているようでしたが〉(源氏物語　桐壺)

(13) などて,少し隙ありぬべかりつる日ごろ,よそに隔てつらむ。〈どうして,少し機会があるはずだった日頃,会わずに離れていたのだろう。〉(源氏物語　少女)

(14) 斎宮は,去年内裏に入りたまふべかりしを〈斎宮は去年宮中にお入りになるはずだったが〉(源氏物語　葵)

(15) いときなく,ものの心しろしめすまじかりつるほどこそはべりつれ〈幼くて,ものの道理がおわかりになるはずもなかった間こそ,よろしゅうございましたが〉(源氏物語　薄雲)

(16) 世の人のゆるしきこゆまじかりしによりて〈世の人がご承知申し上げそうになかったので〉(源氏物語　紅葉賀)

「終止なり」「めり」には「き」や「つ」の付いた例が認められるし,「べし」や「まじ」にも同様の例が確認できる。過去のある時点における表現主体の判断を示せるわけで,現代語のモダリティのところの解説に従うと,これらは「疑似モダリティ」の形式ということになる。ただ,「べし」「まじ」には命令形以外の各活用形が揃っている。「あり」の下接による,いわゆる補助活用も備わっており,名詞や活用語連体形に付く「なり」や否定の「ず」に対しても,「べきなり」「べからず」のように上接してしまう。このような点は「終止なり」や「めり」にはない特徴であり,過去・完了の助動詞が付くグループは,さらに二分することができそうである。

―〔考えてみよう・3〕―――――――
　「終止なり」と「べし」について,疑問文に用いられた例を探してみよう。

「べし」の方には,容易に疑問文の例が見つかる。

(17) よきほどにはいかで保つべきぞ。〈ちょうどよい程度には,どうやって身を保つことができるのか。〉(源氏物語　夕霧)

「終止なり」の方は,疑問文に使われているだろうか。「めり」に関しても,同様の結果になる。疑問文に使用されるか否かという点でも,この二つのグ

ループは対照的なのである。現代語では,「ようだ」や「らしい」など,疑似モダリティ形式とされるものは疑問文に使用されないことが指摘されている。「べし」は,現代語の疑似モダリティ形式の性質と一致するものではなさそうである。

　なお,「む」「らむ」「けむ」も,「べし」同様疑問文に用いられている。

⒅　いかなる人にかあら<u>む</u>。〈どんな人なのだろう。〉（源氏物語　手習）

3.「む」の検討

　「む」「らむ」「けむ」など,過去・完了の助動詞を下接させないグループは,今何かを話している,まさにその時点の表現主体の判断を表すと解される助動詞であり,真正モダリティと呼んでもよさそうなものだった。現代語では,発話時の表現主体の判断を示す助動詞として,「う」「よう」「だろう」などがある。「む」も「う」や「だろう」も,「推量」「意志」などの用語で説明される点も,共通している。

┌─〔考えてみよう・4〕──────────────
│　次の⒆〜㉑について,「む」に注意しながら現代語訳してみよう。
│⒆　思は<u>む</u>子を法師になしたら<u>む</u>こそ心苦しけれ。（枕草子　思はむ子を）
│⒇　人に劣ら<u>む</u>宮仕へよりは,この宮にこそは,よろしから<u>む</u>女子は見せたてまつらまほしけれ。（源氏物語　紅梅）
│㉑　おのれは,世にはべら<u>む</u>こと,今日明日とも知りがたきに（源氏物語　手習）
└──────────────────────────

　「思はむ子」のような連体修飾の「む」,「なしたらむこそ」のような準体用法の「む」は,「だろう子」「だろうのは」などと「だろう」に置き換えることは不可能で,現代語訳では消えてしまうか,あるいは「……のような」などと訳されて「婉曲に言う意」と説明されることが多い。連体形によるこれらの用法は,「む」にかぎらず古典語の推量系助動詞全般に見られ,「む」グループの場合もごく普通に認められるのだが,現代語の「だろう」等の真正モダリティ形式には,「医者ともあろうものが」「やがて起こるだろう問題」

のように皆無ではないものの，あまり見られない。自然な表現ではないために，上の例のような「む」は「だろう」と訳出されにくいのだろう。

そもそも表現主体の発話時の主体的な判断・態度は，連体修飾になじまないはずで，その点，現代語の「だろう」や「う」の分布は納得できる。反対に，古典語の「む」の数多い連体修飾の例は，この助動詞が本当に，表現主体の事態に対する推量の判断を表しているのかを疑わせるものである。実は「む」自体は，その下接している事柄が仮想・仮定の事柄であるとか想像の上の事柄であるとかを表すもので，それが用いられた文脈・状況によって，「推量」に解されたり「婉曲」に解されたり，さらには「意志」の表示に解されたりすると見る説もある。確かに(19)～(21)の「む」などは，表現主体による仮想の話ということを示していると見ればわかりやすい。また，そうとらえれば，連体修飾の「む」と文末の「推量」とされる「む」との連続性も，より理解しやすくなる。表現主体が仮に設けた事態であることを表示する同じ「む」が，表現主体の直接的な判断が現れにくい文中の連体修飾の際とは逆に，表現主体の判断が働いて文を言い納める文末に位置することで，「推量」というモダリティ形式に傾く，ないしは少なくともそのような把握を許すものになると考えられるわけである。

──[考えてみよう・5]──────────
「む」が「意志」を表していると解される場合の条件は何だろうか。

(22) むかし，男ありけり。人の娘のかしづく，いかでこの男にもの言は<u>む</u>と思ひけり。〈昔，男がいた。親が大切に育てていたある娘が，なんとかこの男に思いをうち明けたいと思っていた。〉(伊勢物語 45段)

(22)で，男に「もの言ふ」ことになるのは，その実行を思っている娘自身である。「む」が意志の解釈を受けるのは，「む」が用いられた動作の主体が話し手や書き手自身，すなわち表現主体自身である場合にかぎられる。「彼，行かむ」「君，行かむ」の形で彼や君の意志を表すなどということは，ありえない。現代語の「う」「よう」の場合も同様である。「む」は仮に設けた事態であることを表すとする立場から見れば，これらの例も，表現主体自身の動作を仮の事態として述べているにすぎない。その際，当該事態が表現主体

にとって望ましいことが明らかならば、「意志」という把握が前面に出てくるのだと考えられよう。

　同じように、それが聞き手の動作、つまり二人称の動作ならば、仮想の事態をもちかけるスタイルをとって聞き手にその行為を勧める、「婉曲な命令」とか「勧誘」などと呼ばれる例である可能性が高まってくる。

　⑳　疾くこそこころみさせたまはめ。〈早くお試しになるのがよろしいでしょう。〉（源氏物語　若紫）

　⑳は、病気にかかった源氏に対して、ある人が北山の寺の行者のもとへ行くことを勧める発話の一部である。「聞き手である源氏がそれ（北山の聖による加持）を早く試みる」という事態を仮定の形で語ることを通して、その仮定の事態の行為者である聞き手に、それを実現すべきこととする話し手の意図が伝えられており、他のモノ・コトを排して一つをとりたてる係助詞「こそ」の使用が、その行為の早期実現の重要さを、より明確に示している。

　以上の例からもわかるとおり、「む」は特に未来のことを表すために使用されるわけではない。ただ、現実には定まっていない仮定の事態であることを示すとすると、未来に関わる事態が多くなることは確かだろう。これに対して、「らむ」は現在に関わる事柄、「けむ」は過去に関わる事柄について使用されると言われる。

　㉔　吹くからに秋の草木のしをるればむべ山風を嵐といふらむ〈吹くや否や、秋の草木がしおれるから、なるほどそれで山風を嵐というのだろう。〉
　　　（古今和歌集　5・249）

─〔考えてみよう・7〕──────────
　上の㉔の「らむ」は、何を推量しているのだろうか。
─────────────────────

　「らむ」には現在見たり聞いたりしていることについて、その原因や理由を推し量っていると解される場合があり、㉔はその例である。「らむ」の用いられた「山風を嵐といふ」は、その前に「むべ」があることからもわかる通り、不確かな事柄ではない。細部の技巧は省いて今問題にしている点に絞ると、これは、「なぜ山風を嵐というのか」という疑問に対して、詠者が現実に野分に遭遇して、「吹くと同時に秋の草木がしおれるから（そういうの

だろう)」と，解答に思い至った形に詠んだ歌である。つまり，不確かなのは「吹くからに秋の草木のしをるれば」という条件の方であり，「らむ」は，それを「山風を嵐といふ」ことの理由とする点に関して使用されていると考えられる。「飛行機が嫌いだから，新幹線で来るだろう」と「飛行機が嫌いだから，新幹線で来るのだろう」に認められる，現代語の「だろう」と「のだろう」の違いを参照するとよい。後者は，「新幹線で来るのは，飛行機が嫌いだからだろう」としてもほぼ同様の内容になることからわかる通り，「新幹線で来る」ことの理由を「飛行機が嫌いだから」とする点に関して，推量表現がとられている。

なお，「けむ」にもこのような面がある。「む」との相違として注意しておきたい。

4.「終止なり」と「めり」

「終止なり」と「めり」は，先に見たように過去・完了の例があるなど，「む」グループとは異なり，いわゆる真正モダリティ形式とは言えない助動詞である。

「終止なり」は本来「音（ね）」や「鳴る」「鳴く」「泣く」などの「な」に関連があったとされ，奈良時代の文献では，あるものの音や声が聞こえる意で用いられた例が目立つ。

⑵⑸ ますらをの鞆の音す<u>なり</u>もののふの大臣（おほまへつきみ）楯立つらしも（万葉集 1・76）

⑵⑹ 闇の夜に鳴く<u>なる</u>鶴（たづ）のよそのみに聞きつつかあらむ逢ふとはなしに（万葉集 4・592）

「伝聞」「推定」などと呼ばれる用法も，そこから派生していったようである。

⑵⑺ （滝口ノ武士デアル預カリノ子ハ）弓弦（ゆづる）いとつきづきしくうち鳴らして，「火危ふし」と言ふ言ふ，預かりが曹司の方に去ぬ<u>なり</u>。（源氏物語 夕顔）

⑵⑻ また聞けば，侍従の大納言の御娘，亡くなりたまひぬ<u>なり</u>。（更級日記 梅の立枝）

---[考えてみよう・8]---
　上の(25)〜(28)について，それぞれの「終止なり」に注意しながら現代語訳してみよう。

　耳にした音や声から留守居役である滝口が部屋に去っていくことを判断する(27)や，人から伝え聞いて知ったことに用いられた(28)の場合も，聴覚に基づく判断に使用されている点で，(25)(26)に連なっている。「……の音が聞こえる」といった，聴覚でとらえられた事態であることを述べる「終止なり」は推量判断を表すとは言いがたいし，聴覚でとらえられた事態を根拠にした判断を表す場合も，当該事態を，漠然と推量する場合よりも確かなこと，より客観的なこととして把握するとみられる。その差が，「む」グループとのふるまいの違いにも現れているのである。

　同様のことは「めり」にも言える。

(29)　ひきあけたまへるに，継母の宮の御手なめりと見ゆれば，今少し心安くてうち置きたまへり。〈封をお開けになると，継母の宮のご筆跡らしいと見えるので，もう少し気が楽になって下にお置きになった。〉（源氏物語　宿木）

　「めり」は，語源の面で「見」「目」などとしばしば関係付けられる。「終止なり」の聴覚に対して，視覚に基づく判断を表す助動詞である。推量系の助動詞に分類されるが，やはりそこに明らかな根拠がある点で，「む」などとは異なるものと考えられる。

5．「べし」の検討

　古語辞典で「べし」を引くと，「推量」「意志」「当然」「可能」「命令」など，さまざまな意味が記載されている。具体例から分析できる用法が多岐にわたっているわけであるが，基本的には，やはり推量に関わる助動詞とされることが多い。ただ，「推量」といっても，それは「む」が表すような話し手の仮想の事態といった不確かなものでなく，自身の経験や一般的な道理などから確信をもってとらえられるもので，客観性の高いものである。その点では，むしろ「終止なり」「めり」に近いのだが，否定の「ず」や「連体な

り」が付くなど,「終止なり」「めり」にない例も認められる。

(30) 人の命久しかるまじきものなれど，残りの命，一二日をも惜しまずはあるべからず。〈人の命は長くないものだが，残りの命は一二日でも大切に思わずにいてはならない。〉（源氏物語　手習）

(31) 何事も人に異なるけぢめをば，記し伝ふべきなり。〈何事も人より優れている点を，書いて伝えるべきなのだ。〉（源氏物語　若菜上）

その一方で,

(32) 御文などは絶えざるべし。〈お手紙などは絶えないに違いない。〉（源氏物語　賢木）

(33) もの心細くおぼさるるなるべし。〈きっと何か心細くお感じになるのだろう。〉（源氏物語　明石）

など,「ず」や「連体なり」に下接した例も見られる。そのため,「べし」には，確定的な状態にあることを表すにすぎない場合と，事態に対する確信度の高い推量判断を表すモダリティ形式の場合とがあるとする見方もある。いずれにせよ，こういった特徴が最初に触れた用法の多様さにも関わっているのだろう。

───〔考えてみよう・9〕───
「べし」と「む」「めり」など他の推量の助動詞類とが承接した例はあるだろうか。

いくつか例を示す。

(34) 返り事いかがすべからむ。〈返事はどうしたらよいだろう。〉（枕草子　頭の弁の御許より）

(35) 寅の時になむ渡らせたまふべかなる。〈寅の時にお渡りになるご予定だそうです。〉（枕草子　関白殿二月廿一日に）

(36) 多くはあらねど，人の心の，とあるさまかかるおもむきを見るに，ゆゑよしといひ，さまざまに口惜しからぬ際の心ばせあるべかめり。〈多くは知らないが，人の心のいろいろな様子を見ると，趣のわかる心とか，それぞれにまんざらでもない程度の気だては確かにあるようだ。〉（源氏物語　若菜上）

これも，推量を表すとされる助動詞の中で，「べし」が最も表現主体の主体的な判断を表示するという面が弱く，むしろ形容詞的にその対象の状態を「……の様子だ」と叙述するような，客観的な面を持っていることを，示唆する現象である。「む」「めり」などが付く場合，いわゆる補助活用が用いられるが，「あり」の下接によって成る補助活用の存在自体，「む」「めり」などと異なる「べし」の性質を示している。
　なお，(34)の「べからむ」は疑問文中の例である。「べし」は疑問文に使用できるわけで，これは「終止なり」「めり」でなく，「む」グループに認められる特徴であるが，ここから直ちに「む」と「べし」の機能の共通性を指摘できるかは疑わしい。今後の検討課題であろう。
　なお，ここで考えてきたことは，「まじ」にもほぼ当てはまる。

6．「む」「終止なり」「べし」などのその後

　この節で扱ってきた助動詞は，ヴォイスに関わる「る」「らる」などと違って，中世以降かなりの変化をしている。
　「終止なり」と「めり」では，「めり」が中世の早い時期に衰退してしまったようだし，「終止なり」も，聴覚に基づく推量判断という点が次第にはっきりしなくなっていく。
　「む」グループでは，まず「けむ」が衰える。室町時代初期頃のことと推測されるが，その原因に，完了の「つ」に「らむ」が付いた形の「つらう」の盛行を挙げる説もある。「らむ」「けむ」衰退の一因として，現代語の「ただろう」「ているだろう」のように，「時」に関する面と「推量」の面とを分析的に表現する形への移行を考えることは，間違っていないだろう。それは明晰化とも言えるが，「む」が最終的に「（よ）う」と「だろう」とに分かれたのも，「意志」と「推量」の表示の分担ということで，やはり明晰化に関わる変化である。なお，この「（よ）う」「だろう」の場合，「む」にごく普通に見られた連体修飾用法が一般的ではなくなっており，よりモダリティ形式として確立しているようである。
　「べし」は，連体形「べき」が今も使われているほか，「べい」の形が「（よ）う」「だろう」の役割を担って活躍している方言もある。

【問題】
　ここで取り上げた助動詞のうち，「む」「らむ」「けむ」は，「べし」や「終止なり」「めり」と異なり，終止形・連体形・已然形の三つの活用形しか持っていない。なぜ，これらには他の活用形がないのだろうか。各活用形の用法を確認した上で，「べし」や「終止なり」などと「む」「らむ」「けむ」とをモダリティの違いの面から明らかにせよ。

第10章　「は」・主題・とりたて

第1節　現代語の「は」・主題・とりたて

1．主題と「は」

　日本語で「主語」を表す助詞というと，すぐに「は」と「が」が思い浮かぶ。
　(1)　黒木さんは隣の部屋にいる。
　(2)　田村さんが校庭を走っている。
「が」は，上接名詞が述語の表す動作や作用の主体であること，つまり「主格」であることを示す「格助詞」であるから，「主語」という用語が「主格」と同義で使われているならば，確かにこれは「主語」表示の助詞と言える。では，「は」の方も，主格を示す格助詞と見てよいだろうか。
　(3)　その小説はもう読みました。
　(4)　あの山は，まだ登ったことがありません。

　――〔考えてみよう・1〕――――――――――――――――――
　　上の(1)(3)(4)の「は」について，これを使わず，代わりに何か格助詞を置くとしたら，何が適当だろうか。
　――――――――――――――――――――――――――――

　(1)の「黒木さん」と「(隣の部屋に)いる」とが格助詞「が」で結ばれる関係にあることをもって，「が」同様「は」も主語を示しているとするならば，(3)の「その小説」と「読みました」とは格助詞「を」が補われる関係，(4)の「あの山」と「登ったことがない」とは格助詞「に」が補われる関係になるから，「は」は主格以外の格も示すことになる。言い換えれば，「は」を用いても，上接名詞がその動作を行う主体なのか，それともその動作の向けられる対象なのか，などといったことは必ずしも明らかにならないのである。したがって，格助詞の「が」や「を」でなく「は」を用いた，

(5) 武田は殴っていません。

といった例の場合，「武田」と「殴る」とは，「武田が（誰かを）殴る」という関係なのか，「武田を（誰かが）殴る」という関係なのか，文脈が与えられないかぎり，どちらかの意に断定することはできない。

このほか，格助詞ならばそれが連結する「にが」「へを」などの形はありえないのに対して，「は」には「には」「へは」などの連結が見られるといった根拠もあり，「は」が主格を示す格助詞でないことは，明白である。国語辞典で確かめてみると，やはり「は」は格助詞にはなっていない。ある辞書では「係助詞」とされている。別の辞書には「副助詞」とある。いったい，「は」はどのような働きの助詞なのだろうか。

「は」が，いわゆる主語を示す助詞だと思われやすいのは，

(6) 私は宮本といいます。

(7) 小野君は学生です。

(8) ゴジラは日本の代表的な怪獣です。

などといった例が，珍しくないからである。だが，主格を表すという説明の不的確性は，すでに(3)〜(5)の例で見た通りである。(6)〜(8)に共通しているのは，「AはB」のBの部分が，Aに関する説明になっていることだと考えられる。もう少し詳しく述べると，「は」によって「私」「小野君」「ゴジラ」をその文の主題，テーマとしてとりたてて示し，以下にそれについての叙述を行っていくという構文，つまり「主題＋説明」という形の構文が，(6)〜(8)なのである。このことは，例えば(6)ならば「君は誰？」，(7)ならば「小野君て，何してるの？」，(8)ならば「ゴジラって，何のことですか？」など，これらがどれも，あるモノについての解答・解説を求める文に応じる形になっている点からも，理解できよう。先の，

(1) 黒木さんは隣の部屋にいる。

も同じで，文を構成する要素のうち，まず「黒木さん」をとりたてて主題化し，以下に「黒木さん」についての説明を加えるというスタイルになっている。これが，

(2) 田村さんが校庭を走っている。

という場合になると，ただ眼前に展開中の事象をそのまま描写したものか，

あるいは誰が校庭を走っているのかが問題になっている状況での発話というふうに感じられ，特に「田村さん」を以下の叙述の主題としてとりたてているものとは解せないだろう。(6)〜(8)の場合も，「は」を「が」に置き換えて「小野君が学生です」などとすると，もはや「小野君」についての解説を行った構文ではなくなり，先の「小野君て，何してるの？」の返答としては不自然になってしまう。

　このような「は」の機能は，そもそも格の表示とは働きを異にするものであるから，主格以外の関係を述語と構成する要素をとりたてて主題化する例があっても，少しもおかしくない。

　(9)　この歌は，森進一が歌っています。
　(10)　ニューヨークは，まだ行ったことがありません。
　(11)　この部屋は，バスもトイレも付いてないみたいだね。
　(12)　今日は，中山君来てないねえ。

　新聞や雑誌などに現れる「は」の例がどういった要素をとりたてているか考えてみるとよい。

2．「は」の対比用法

　実際に「は」の例を採集していくと，格助詞との置き換えがきかないものも出てくるだろう。また，「名詞＋は」だけでなく，「副詞＋は」など，いろいろな要素に「は」の付いた例が見つかるはずである。

　(13)　当時，隣の家には老夫婦が住んでいた。
　(14)　この地方では，恐竜の化石がよく発掘される。
　(15)　彼女からは，まだ連絡がない。
　(16)　勝ちはしたけれど，ピンチの連続だった。
　(17)　これ以上速くは走れません。
　(18)　新しいパソコン，ぼくにも少しはさわらせてよ。
　(19)　野村さんも悪い人ではないんだけど。

　┌─〔考えてみよう・2〕──────────────
　│　上の(13)〜(19)の「は」も，主題を提示していると考えられるだろうか。
　└──────────────────────────

(13)～(15)は「名詞＋格助詞」に「は」が下接したものであり，まだ前項の諸例同様に考えられるという人もいるだろう。だが，(16)以降の例になると，もはや主題の「は」と見るのは無理のようである。(17)を例にとれば，この「は」が，「速く」という連用修飾語を主題として明示し，以下に「速く」についての解説を行っているなどとは考えられない。少々複雑になるが，実は「名詞＋格助詞」の場合も，格助詞が示されていて述語と関係を構成することが明らかな成分だから，述語と関係を構成することが明瞭な連用修飾語の例同様，名詞に「は」が直接したものとは区別すべきだとする説もある。その場合は，「～についていえば」という主題提示の用法は，「名詞＋は」にかぎられることになる。

　主題の「は」をどのあたりまで認めるかはむずかしい問題であるが，上の(13)～(19)を主題と認めない場合，これらの「は」は，どう考えればよいのか。どれもとりたてを行っていることは間違いない。その働きの説明に際しては，「対比」とか「対照」といった用語がよく用いられる。「対比」というのはおおよそ，「Aはこうだが Bは～」というような，同類の他のモノ・コトの場合を問題にする形で，ある要素をとりたてて示す機能をさしている。ただし，「Aは～，Bは～」と常に二つの要素が明示されている必要はなく，比べられるモノ・コトが暗示される場合も含まれる。例えば，先の(17)には「もう少し遅くなら走れる」という含みが，(18)には「多くはさわれなくてもいい」などの含みが，それぞれ読み取れ，「名詞＋格助詞＋は」の例でも，(15)などは「関根さんからは連絡があった」といった含みが，比較的容易に理解できる。やや対比からは遠そうな(13)であっても，後に「向かいの家には，若夫婦と子どもが住んでいた」とでも続くと，対比のニュアンスが生じてくるのではないだろうか。なお，(17)などは，「遅くなら走れる」といった含みなしに，以下の「走れません」という叙述が成り立つ限定条件を示しているだけの場合も考えられるが，これも対比用法と連続するものと扱っておく。

　このように検討してくると，今度は，どのような「は」でも，対比ととらえることができてしまうのではないかと思うかもしれない。確かに，「は」の用いられた一文を与えられただけでは，「名詞＋は」の形でも，主題なのか対比の意図があるのかを見きわめるのはむずかしい。もちろん実際には，

主題提示のみで対比の含みのないことが文脈や状況から明確な「は」は，いくらでも存在するが，副詞や形容詞連用形といった連用修飾語に下接した例のように，明らかに主題とは解せない「は」はあっても，その上接語を見ただけで対比でないことがはっきりとわかる「は」はない。前項の，

(6) 私は宮本といいます。

にしても，中田・宮本・中村と三人呼ばれた状況での自己紹介だと，聞き手の眼前にいる「私」を主題化しての主題＝説明構文であるとともに，他の二人を念頭に置いての「私は」ということで，対比的になる。「私は」の「は」を強く発音してその後一呼吸置けば，完全に対比として理解できるだろう。

「は」の主題用法と対比用法とが密接に関わるものであることは間違いないが，その関係については，主題を中心に据え，その一つの現れとして対比の用法を考えるもの，逆に対比を中心に据え，その一つの現れとして主題の用法を考えるもの，さらに，例えば「とりたて」という働きが主題用法や対比用法を生むと解するように，主題・対比どちらかに本義を求めることをしないものなど，種々の論がある。ただ，これまでの「は」の研究は，どちらかというと「が」との違いの問題など，名詞に下接したものに力点が置かれてきたようである。副詞や形容詞連用形などの連用修飾語に下接するものまで視野に入れた検討が，今後はより重要になってこよう。

───〔考えてみよう・3〕───
　どのような場合に，「〜は」が対比として意識されやすくなるのだろうか。ここで取り上げた事柄も含めて，整理してみよう。

3．とりたてを行う助詞

これまで「は」を考える中で，「とりたて」と言うことばがしばしば出てきた。これは，「は」独特の機能なのだろうか。

(20) 三浦君も留学した。
(21) 緊張していたせいか，簡単なシュートまではずしてしまった。
(22) ラーメンさえ食べられれば，それで満足です。
(23) 橋本さんだけ来なかった。
(24) 食事くらいゆっくりさせてくれ。

第10章 「は」・主題・とりたて　191

　文中のある要素をとりたてるという機能は、何も「は」にかぎったことではない。上の(20)～(24)の下線を施した助詞も、やはり述語動詞と上接名詞との論理的関係を表示するものではなく、文中のある要素をとりたてて示すものと考えられる。先に「は」の所属先を国語辞典で確かめた際、「副助詞」とする辞典があったが、この「副助詞」と呼ばれている助詞のほとんどが、やはりとりたての助詞だと言える。

　では、これらの助詞の相違点は何だろう。それは、そのとりたての仕方、つまり同類の他のモノ・コトの場合についてどういった含みを持たせて、当該の要素をとりたてるのか、というところに求められる。(20)では、「も」のとりたてによって、「三浦君が留学した」という文では認められない、他の誰かも留学したという含意が読み取れる。(21)の場合は、「まで」により、他の失敗をしても仕方がないようなシュートをはずしただけでなく、といったことが主張されている。これも「簡単なシュートを」だと、「他にもシュートをはずした上に」といったニュアンスは感じられなくなる。なお、こう見てくると、主題の「は」は、あるモノ・コトを、特に同類の他のモノ・コトの場合についての含みなしにとりたてるものということになろう。

---〔考えてみよう・4〕---------------
　次の(25)の「は」は、文中のどの部分をとりたてていると考えられるだろうか。
　(25)　イタリアには行きましたけど、スパゲティは食べませんでしたよ。

　これまでは、とりたてをその上接部分に関わる機能ととらえてきたのだが、(25)のような例はどうだろうか。この場合、「は」によって「イタリアに」がとりたてられているといっても、「フランスには行かなかった」などと、行った国について他の国と対比して示しているのではない。後の「スパゲティは」も、「ピザは食べた」などと、食べた物についての対比の意図で「は」を用いたものとは思えない。(25)では、直接には「イタリアに」や「スパゲティ」がとりたてられているけれども、「は」の働きは、それぞれが関係していく後続の部分にも及んでいて、「イタリアに行ったこと」と「スパゲティを食べなかったこと」とが、対比的に述べられていると見ることができる。この

ように，とりたてには，その及ぶ範囲について，当該助詞の直前の部分だけでないと見た方が理解しやすい例も，少なくない。

(26)　こう見えても，学校では，授業もするし，学生の面倒もみるし，会議にも出席するし，もう大活躍だよ。

の場合も同じで，「も」のとりたては，「授業」「学生の面倒」「会議に」という直前の部分にだけ向けられているのではないだろう。「授業をすること」「学生の面倒をみること」「会議に出席すること」のとりたてという面を，見逃さないようにしなければならない。

　以上，「は」と似た働きを持つ助詞について，簡単に見てきた。とりたての助詞にはいろいろなものがあり，その機能も単純ではない。これらの助詞と比べると，「は」は，主題提示の用法の場合に同類の他のモノ・コトがまったく想定されないなど，違った性質を持つこともまた，明らかになってきた。

―〔考えてみよう・5〕――――――――――――
　「彼にだけは負けたくない。」「君になんかはできるはずがない。」など，いわゆる副助詞には「は」と連接できるものがある。その場合の順序には，何か法則があるのだろうか。

　「だけは」や「なんかは」「までは」は可能だが，「はだけ」「はなんか」「はまで」などは認められない。つまり，常に「は」は後に付く。同じことは「も」にも言えるが，こういった点からも，「は」と副助詞類とに異なる面のあることが推測できる。

4．「は」の係助詞性

　国語辞典の中には，「は」を「係助詞」とするものもある。現代語で，しかも「は」が係助詞とはどういうことなのだろうか。

―〔考えてみよう・6〕――――――――――――
　次の(27)〜(29)の「が」をそれぞれ「は」にすると，文意はどうなるだろうか。
　(27)　松井さんが行くなら，行きません。
　(28)　石橋君が来たら，帰ります。

(29) 11番の馬が勝てば，一万円もうかる。

(27)は「松井さんは行くなら，行きません」となるが，これは不自然な日本語だし，読みようによっては，「松井さんが行く」なら「松井さんが行かない」という支離滅裂な内容になってしまう。(28)(29)も同じで，「が」を「は」にすると，かなり不安定な表現になるか，「石橋君が来た場合，石橋君は帰る」とか「11番の馬が勝った場合，馬自身が一万円もうかる」とかいった，おかしな内容に変わってしまう。このようになるのは，「が」を「は」にしたからにほかならない。では，そのためにどういうことが起きたのかというと，「松井さんは」「あなたは」「11番の馬は」とした結果，これらは直後の述語との関係構成に収まりきらずに，文末の述語と結び付いてしまったのである。格助詞「が」の場合は，どれもその上接名詞を，すぐ後の「行く」「来る」「勝つ」の動詞の表す動作の主体として関係付けることでその働きを終えるから，文末の「行きません」「帰ります」「もうかる」の主格は「が」で示された以外の，例えば話し手自身などと理解されてしまう。

(30) 明美さんは結婚したら，仕事をやめるつもりだ。

(30)では，「仕事をやめるつもり」なのは「明美さん」だと解釈される。「結婚する」のも「仕事をやめる」のも「明美さん」ということになる。(27)〜(29)とは逆に，これを，

(31) 明美さんが結婚したら，仕事をやめるつもりだ。

とすると，どうだろう。「仕事をやめるつもり」なのは，例えば「明美さんの父親」など，誰か別の人ということになってくる。これも，今説明したような「は」と「が」との働きの違いから生じた文意の相違である。

このような「は」の性質を重視したのが，「は」を係助詞とする把握だと言える。(27)〜(30)では，「は」による主題が，「なら」「たら」「ば」などによる仮定の条件表現の中には収まらないという例を示した。この種の，いわば従属度の高い条件表現に主題提示の「は」を使おうとしても，「は」は，その先の部分にまで，つまりは言い切りの述語部分にまでその主題提示機能を発揮してしまうのである。言い切り部分の述語は，通常終止形をとる。この「は――終止形」という形式を，一つの呼応としてとらえれば，「は」は終止

形終止をとる係助詞と説明できることになる。

次のような連体修飾節中の例も、「は」と「が」のこのような違いがわかりやすいものである。

(32) 松坂投手がデビューしたとき、既に引退していました。
(33) 私が生まれた頃には、毎晩のように飲み歩いていたそうです。
(34) 弟は買った本を破いてしまった。

各例の「が」を「は」に、「は」を「が」に置き換えてみると、やはり、従属度の高い、逆に言うと独立度の低い節のため、「は」による主題がそこを越えて、言い切りの述語部分と関係するのだと解される。

ちなみに、別に終止形で完全に言い切っていなくても、独立した文に近いものであれば、主題の「は」はその中に収まる。

(35) 私は先月京都に行きましたが、紅葉がとてもきれいでした。

また、対比性が認められる場合、その「は」は連体修飾節の中に収まるようである。

(36) 観客の入りはよくない映画だったが、評価は高かった。
(37) このあたりは、雨は降っても雪は降らない地域です。

この現象に関しては、「主題＋説明」という構文の場合、一文中の「は」でとりたてられた主題部分と以下の叙述との関わりが重要で、より安定した形で言い切って説明部分をまとめようとするのに対して、対比の場合は、一文中での後に続く叙述との関わりよりも、何か他のモノ・コトを想起させる働きが重要であるため、といった理由が考えられるであろう。

5．情報伝達と「は」

文が実際に運用される際の重要な目的の一つである、話し手から聞き手への情報の伝達という側面から、「は」及び「が」について考えてみよう。情報伝達の上で「は」と「が」が担当する機能を論じるときに、しばしば次のような例が用いられる。

(38) 私は古畑です。
(39) 私が古畑です。

(38)と(39)とは、どのように使い分けられているだろうか。例えば教授に呼

び出されて友だち数人と一緒に研究室に入った時に,「えーと,誰が古畑さん?」と教授に尋ねられた場合には,(38)でなく(39)を用いるのが普通である。サークルのコンパで「君は?」と自己紹介を求められたのであれば,逆に(38)になる。こちらは実際には「私は古畑と言います」などと言う方が自然だろうが,いずれにせよ,「私」に「は」の付いた形が選択されることになる。つまり,「相手は目の前にいる自分の存在は当然認識している,だが名前などの情報は持っていない」という状況ならば(38)が,「相手はそこにいる誰かが『古畑』という名前の人物だということは知っている,だが,そのうちの誰が『古畑』かということは知らない」という状況ならば(39)が,選択される。この点をとらえて,「は」は「既知」の要素に付き,「が」は「未知」の要素に付くとか,「は」は「旧情報」を表し,「が」は「新情報」を表す,といった解説が行われる。

「既知」「未知」,「旧情報」「新情報」などの術語は,論者によって微妙にずれた意味で用いられることもあり,必ずしも共通の認識が得られているとは言えないが,ここでは「既に知られている古い情報(として扱われる情報)」を「旧情報」あるいは「既知の情報」とし,「まだ知られていない新しい情報(として扱われる情報)」を「新情報」あるいは「未知の情報」とするという,比較的ポピュラーな見方に従っておく。

この概念が,「は」と「が」の使い分けの説明に有効であることは,(38)(39)についての上の解説からもうかがえると思うが,もう少し例を見ながら考えてみよう。

(40) 指定の店に行くと,サングラスの男がいた。男は,私に気づくと,テーブルの上の携帯電話を指さした。それは,息子の延彦のものだった。延彦は,今学校にいるはずだ。

(41) 「三日前この辺に熊が出たそうですけど,その熊は大きかったんですか」
「いや,熊は出てないよ」
「あれ,でも,村長さんがそういってましたよ」
「あの村長は,よく人をかつぐんだよ」

(40)の「男は」の場合,前の文に「サングラスの男がいた」と,すでに新

情報として示されているから，確かにここでは旧情報になっている。文脈に既出の要素のため，旧情報として扱われる資格を持っているわけで，後の「それは」「延彦は」も同様である。(41)は二人の人物のやりとりだが，やはり文脈に初出のときは新情報だから「熊が」「村長さんが」と「が」が下接し，その後で「熊は」「村長は」と「は」が付くようになっている。

(42)　「このバス<u>は</u>ずいぶん混んでるね」
　　　「うん。でも，見てごらん，奥の方はそうでもないみたいだよ」

(42)の場合は，文脈上は初出なのに「は」が用いられている。このような会話は珍しくないが，これは，その場で見えているものなどを旧情報ととらえ，「は」で示しているのである。いわば，文脈ならぬ言語外的脈絡による旧情報である。

(43)　ペンギン<u>は</u>，鳥類です。

(44)　「三宅君<u>は</u>，三限の講義出ないのかなあ」

(43)(44)のような総称名詞や固有名詞の場合も，それが聞き手に知られていて，その場でいきなりもちだしても，何を言っているのか理解されると話し手が判断すれば，旧情報として示される。

(45)　中田選手の年俸<u>は</u>，君の年収の百倍だ。

―〔考えてみよう・7〕――――――――――――
　上の(45)では，「中田選手の年俸」がむしろ知らないこと，わからないことではないのだろうか。「君の年収の百倍」は，自分の収入のことだから，こちらの方が知っていることにならないか。だとすれば，この文は「新情報＋は＋旧情報」になる。この解釈でよいだろうか。
――――――――――――――――――――――

(38)～(44)の分析を参考にしよう。(45)に即して言うと，「中田選手の年俸」が旧情報だというのは，それがいくらかということを既に知っているという意味ではない。「中田選手の年俸」というテーマを持ち出しても，何のことを話しているのかが聞き手にはスムーズに理解でき，そのまま発話についてこられると，話し手が想定したということなのである。「君の年収の百倍」も，自分の年収がいくらかを知っているとか知らないとかが問題なのではなく，話題として設定されている「中田選手の年俸」の解答として示されているゆ

えに，新情報だというのである。大事なことは，(45)が，「中田選手の年俸はいくらか」という質問文の「いくら」に，新しい情報として「君の年収の百倍」を入れた形になっていることである。ただ，「旧情報」「既知」といった用語に，確かに「中田選手の年俸がいくらかをすでに知っている」といった誤解が生じかねない面があることも，否定できない。検討の余地があるだろう。

同様の問題は，「が」の「新情報」や「未知」にもある。まずは，例を見ておこう。

(46) その部屋には三人の男がいた。
(47) スズランが咲いている。
(48) 私が医者です。
(49) ペンギンが鳥類です。
(50) 三宅君が来ていません。
(51) 「そちらでは何が咲いていますか」
    「スズランが咲いています」
(52) 私の友人に怪獣好きの男がいる。来年公開のゴジラの新作は，彼が脚本を書いている。

聞き手にはじめて与えられる情報だと話し手が想定したものは，新情報として持ち出される。文脈の上で初出の要素などはもちろんだが，(52)のように文脈に既出のものでも，例えばまた別の事態を述べる際に，新情報として示されることがありうる。前述の通り，文脈上すでに出てきたなど，旧情報のところで紹介したのは，いずれもあくまでも旧情報として示される資格を持つものということであって，常に旧情報として扱われるわけではない。

(46)(47)のような一回的・個別的な事象を描写した文では，そのできごと全体が新情報の場合があるということである。「が」の付いた要素だけが，常に新しい情報になるとは限らない。もちろん(51)のように，文脈などから新情報として聞き手に与えられている箇所がはっきりしていることもある。いずれにせよ，一回的・個別的事象の表現では，「新情報＋が＋新情報」のケースと，「新情報＋が＋旧情報」のケースとが考えられる。一方，(48)(49)などの，ある属性を述べるような文の場合は，先の(39)同様，(48)なら「誰かが医者だ」，

(49)なら「このうちのどれかが鳥類だ」といった状況で用いられると考えられるから、「新情報＋が＋旧情報」の構造を持つと言えよう。

なお、細かく見れば、新情報には、

(53)　あっ、雪が降ってる。

のように、話し手自身もその時点ではじめてそれを知ったという、「気付き」と称すべき例も認められる。

---〔考えてみよう・8〕---
(49)の「ペンギンが鳥類です。」では、「ペンギン」に「が」が下接しているけれども、ペンギンは誰でも知っている生き物だから、「未知」「新情報」とは思えない。「既知」「旧情報」と考えるべきはないだろうか。

---

(49)の「ペンギン」が新情報だというのは、この生き物を知っているとか知らないとかいう意味ではない。この発話は、例えば「ムササビ、ラッコ、ペンギンのうち、鳥類はどれですか？」といった質問に対する返答などのように解されるが、こういった、「どれかが鳥類だ」という命題の「どれか」の部分に埋め込まれる情報として、新情報なのである。つまり、新情報とは「が」の上接部分だけで判断されるものではなく、述部との結び付きの上で判断されるものなのだが、「ペンギンは未知の情報だ」などと言うと、確かに「ペンギン＝聞き手のまだ知らない生き物」と誤解されやすいだろう。「旧情報」同様、術語や説明の仕方について、まだ改善すべき点がありそうである。

以上、特に情報伝達の面から「は」と「が」を見てきたが、ここで取り上げた働きは、文を構成するレベルでの「は」と「が」の機能に重なっている。「は」は「主題＋説明」構文の形成に関与するが、主題として提示される要素は、何について話しているのかが聞き手にとって了解可能なもの、すなわち情報伝達の上でいう「旧情報」でなければならない。さもないと、以下に述べられる、主題を対象とした説明も無駄になってしまう。一方、「が」は述語と関係を構成する格助詞であるが、格助詞は述語の表す動作・作用等の主体とか対象とかを明示するものなので、情報伝達の上で、名詞に格助詞の

付いた要素が新情報になることは，十分考えられる。これは「が」に限らない。

───[考えてみよう・9]───
　「ランチ。コーヒーは食後に。」と「ランチ。コーヒーを食後に。」ランチにコーヒーが付いていると考えられるのはどちらで，それはなぜか。
　情報伝達上の「は」と「を」の働きの違いが，鍵になる。上で見てきた「は」と「が」の相違を参考にしながら，まとめてみよう。

【問題】
　「も」には，「私も行きます」「ライオンも哺乳類です」など，「Aに加えてBも」という意を表すもののほかに，簡単に同じ用法とは認めにくい，「新型ロケットが，早ければ来年にも打ち上げられるらしい」「夜も更けてまいりました」などの例が見られる。「も」の用例を集め，その働きについて説明せよ。また，「ライオンも哺乳類です」の「も」は，主題を表すとしてよいだろうか。「主題」という用語の定義をよく考えながら，検討してみよ。

第2節　古典語の「は」・主題・とりたて

1．古典語の「は」及び「が」

　「が」は古くから主格を表す機能を持っているが，そこには，終止形終止の単文には用いられないという，現代語には見られない制約が存在し，連体節や準体節，あるいは条件表現中の主格表示などに偏って使用されている。したがって，「は」の方に現代語のそれと大きな違いが認められなければ，主格を表示する格助詞と主題を明示する係助詞といった，機能面の差異に加え，その使用される環境もまた，現代語の場合より隔たっていることになる。他方，古典語には，「ぞ」「なむ」「こそ」といった係助詞がある。これらは「は」と同じ係助詞グループに属しているが，それぞれの機能は，どのようなものだったのだろう。「ぞ」「なむ」「こそ」といった係助詞とともに用いられていた時代の「は」の働きが，現代語の場合と同一だったのか否かも，

気になる点である。以下では，このような問題について検討する。

2.「は」の機能

現代語の「は」の中心的な用法は，主題の提示であった。古典語の場合も，主題提示の「は」は，容易に見つけることができる。

(1) 野辺見れば撫子の花咲きにけりわが待つ秋は近づくらしも〈野辺を見ると，撫子の花が咲いている。私が心待ちにする秋は，近づいているようだ。〉
（万葉集 10・1972）

(2) 小白河といふ所は，小一条の大将殿の御家ぞかし。〈小白河というところは，小一条の大将様のお屋敷である。〉（枕草子 小白河といふ所は）

(3) 御局（つぼね）は，桐壺なり。〈(更衣に与えられた) 御局は，桐壺である。〉（源氏物語 桐壺）

(4) かの山寺の人は，よろしくなりて出でたまひにけり。〈あの山寺の人は，病状がまずまずよくなって山をお出になった。〉（源氏物語 若紫）

格関係を考えると主格が想定される，わかりやすい例を挙げてみたが，もちろん現代語の「は」同様，

(5) 尚侍（ないしのかみ）のことは，などかおのれに疾くはものせざりし。〈尚侍のことは，どうして私に早く言わなかったのか。〉（源氏物語 行幸）

(6) ものむつかしき折は，近江の君見るこそ，よろづまぎるれ。〈何となくむしゃくしゃする時は，近江の君を見るのが，何かと気が紛れる。〉（源氏物語 行幸）

など，他のタイプの主題も認められる。機能の面でも，(3)で言えば，その文のテーマ，以下の叙述の対象として「御局」を主題化し，その解説として「桐壺なり」と述べていて，ちょうど「御局はどこか」と質問された場合の解答の形になっている点など，現代語と変わらない。

ちなみに，『源氏物語』では，「は」の全用例のうち半数近くが名詞や，

(7) かくまでのたまふは，軽々（かろがろ）しくはおぼされざりける人にこそあめれ。
〈こうまでおっしゃるのは，いい加減にはお思いでなかった人なのであろう。〉
（源氏物語 夢浮橋）

といった名詞に準じて扱える活用語連体形に付いており，その多くは，格関

係の点では主格に立つものに下接している。もちろんこの中には対比のニュアンスを持つものもあるが，このデータは，当時もいかに主題提示の「は」が多かったかを示す傍証の一つになるだろう。

次に，対比用法と解される「は」の例を挙げる。

(8)　昔，女はらから，ふたりありけり。ひとりは，卑しき男の貧しき，ひとりは，貴なる男，持たりけり。〈昔，姉妹二人がいた。一人は身分が低くて卑しい男を，一人は高貴な男を，夫として持っていた。〉（伊勢物語　41段）

(9)　御前の梅は，西は白く，東は紅梅にて〈（梅壺の）御前の梅は，西は白く，東は紅梅で〉（枕草子　かへる年の二月廿日余日）

(10)　よろしき若人など，ここにもさぶらへど，もてなし・けはひ，装束どもも，盛りなるあたりには似るべくもあらず。〈まあまあの若い女房などはここにも控えているけれども，物腰や様子，衣装なども，栄華を極めるあたりには似ても似つかない。〉（源氏物語　野分）

(11)　大臣、憎きものの，をかしさをばえ念じたまはで〈大臣は，憎らしいもの，おかしさを我慢なされずに〉（源氏物語　行幸）

(12)　一行の御返りだにもなきを，しばしは心まどひしたまへるなどおぼしけるに，あまりに程経ぬれば〈一行のご返事さえないのを，しばらくは心が乱れていらっしゃるのだなどとお思いだったが，あまりに時が経ってしまったので〉（源氏物語　夕霧）

(13)　人目にことことしくは，ことさらにしなしたまはず。〈人目におおげさに映るようには，わざとなさらない。〉（源氏物語　宿木）

こちらも，ごく普通に見られる用法である。現代語の「は」同様，対比されるものを明示する場合もあれば，ほのめかす程度の場合もある。対比というよりも，以下の叙述が成り立つ限定条件を明示する趣の例もある。接続面でも，格助詞のうち，現代語ではまず見られなくなってきた「をば」が珍しくないといった相違はあるが，ほとんど変わらないと考えてよい。

ところで，

(14)　らうらうじう，かどめきたる心はなきなめり。いと子めかしう，おほどかならむこそ，らうたくはあるべけれ。〈すました，才走ったところは

　　　　ないようだ。あどけなくおっとりとしていたら，それこそかわいいだろう。〉
　　　　（源氏物語　末摘花）
　　(15)　また，かばかりぞ，多くはあるべき。〈また，（優美さも）この程度（の
　　　　クラス）が，多いだろう。〉（源氏物語　蜻蛉）

といった例も，連用修飾成分に「は」が下接しているが，やはり対比と見てよいだろうか。(14)は，自分がとても関心を抱いている女性について「こういう方です」と様子を教えられた源氏の感想である。一見，「かどめきたる心は」の「は」との対比の例にも見えるが，上の解釈からわかる通り，「かわいくはあるだろう（が……）」という対比の意図は感じとれない。(15)も，文脈から対比性が認めにくい例である。このような「は」は，文中の前方に「ぞ」「なむ」「こそ」等他の係助詞が存する例に集中する。

┌─〔考えてみよう・1〕─────────────────
│　連用修飾語に「は」が付いた場合，現代語では「かわいくはない」のように否定の表現が続くか，「かわいくはあるが」のように逆接の形になる場合が多い。古典語の場合はどうだろうか。
└──────────────────────────

(13)のように，古典語でも同様の傾向が強いようであるが，その点も，(14)(15)は異なっている。ともかく，この種の「は」が現代語では見出しがたいものであることは，間違いないだろう。

3．副助詞と係助詞

　現代語では，「は」の持つ主題提示や対比といった用法に通じる，とりたての機能を備えた助詞に，いわゆる副助詞のグループがある。古典語でも，副助詞はほぼ同様の働きを担っていたようであるが，そのふるまいには，現代語のそれと異なる点があることも指摘されている。

┌─〔考えてみよう・2〕─────────────────
│　「のみ＋格助詞」「ばかり＋格助詞」の例，「格助詞＋のみ」「格助詞＋ばかり」の例を，それぞれ探してみよう。
└──────────────────────────

　現代語の場合，「彼にだけ話す」「彼だけに話す」「そこにばかりいる」「彼ばかりが得をする」など，格助詞の前にも後にも付くことのできる副助詞が

少なくない。古典語ではどうだろうか。

(16) 例の、明け暮れこなたにのみおはしまして〈いつものように、帝は朝から晩までこちらにばかりお出ましになって〉（源氏物語　若紫）

(17) ただこの君の御ことをのみ言ひおきて〈ただもうこの女君のことばかり言い残して〉（源氏物語　関屋）

(18) まことの親をばさるべき契りばかりに思ひきこえたまひて〈実の親のことはただそうなる縁とだけお思い申し上げて〉（源氏物語　若菜上）

(19) 人知れずはかなき形見ばかりをとどめおきて〈人知れずはかない形見だけを残して〉（源氏物語　柏木）

(16)(17)は「格助詞＋のみ」の例、(18)(19)は「ばかり＋格助詞」の例だが、これ以外のパターンは見つかっただろうか。古典語で副助詞とされる助詞の大半は、格助詞に上接するか下接するかのどちらかになっている。「のみ」は「だに」「さへ」と同じく下接例のみのようで、逆に「ばかり」や「まで」には上接例しか見あたらない。

───［考えてみよう・3］───────────────
　「のみ」「だに」「さへ」や「ばかり」「まで」といった副助詞が相互に接する例を探し、その場合の順序を調べてみよう。
────────────────────────────

この二つのグループは、「副助詞＋副助詞」という承接に際してもきれいな分布を見せ、「格助詞の上に付く副助詞＋格助詞の下に付く副助詞」という順序にまとめられる。

(20) このころばかりだに、ことなくうつし心にあらせたまへ。〈せめてここしばらくの間だけでも、正気でいさせて下さいませ。〉（源氏物語　真木柱）

(21) 卑しき東（あづま）声したる者どもばかりのみ出で入り〈下品な東国なまりの者ばかり出入りし〉（源氏物語　東屋）

現代語でも「は」や「も」は副助詞に常に下接しており、同じとりたての助詞でも異質な面があると解されるのだが、古典語の副助詞に見られるこのような現象も、それぞれのグループの働きに異なる点があることを示唆しているものと思われる。名詞に下接し格助詞に上接するグループは、当該名詞に、あるとりたて上の意味を与えつつ、その「名詞＋副助詞」が、いわば一

つの名詞を形成するのだろう。常に格助詞の下に来るグループの方は、その「名詞＋格助詞」と述部の動詞などとで構成する事柄までも、とりたての及ぶ範囲とする働き、すなわち現代語の３項「とりたてを行う助詞」で述べた働きが、前者の副助詞グループより勝っているものと思われる。

---〔考えてみよう・4〕---
「のみ」「さへ」と「ぞ」「なむ」「こそ」が相互に承接する例を探し、その順序を整理しよう。

副助詞と係助詞との承接にも、ある法則が認められる。

(22) 池のはちすを見やる<u>のみぞ</u>いと涼しき心地する。〈池の蓮を眺めやることだけが、とても涼しい心地がする。〉（枕草子　小白河といふ所は）

(23) 御前にさぶらひけむ人<u>さへこそ</u>うらやましけれ。〈その時おそばに控えていた人までがうらやましいことよ。〉（枕草子　清涼殿の丑寅のすみの）

(24) 心深きことかなと、涙を<u>さへなむ</u>落としはべりし。〈考えの深いことよと、涙まで落としました。〉（源氏物語　帚木）

係助詞が副助詞と承接する場合、常に「副助詞＋係助詞」という順序になるようである。前述の通り副助詞は二類に分けられるのだが、そのうちの、格助詞の下に付き、「副助詞＋副助詞」の際には後部に位置するグループに対しても、係助詞は下接するわけで、そのとりたてが関わる範囲は、さらに広いことが予想される。もちろん他のとりたての助詞同様、上接部が特にとりたてられる場合もあるだろうが、その上接部に目を向けても、

(25) 参り来べきを、内裏より召しあれ<u>ばなむ</u>。〈自分が参上すべきですが、宮中よりお召しがありまして。〉（源氏物語　若紫）

(26) 憎げにもてなしなどせ<u>ばこそ</u>、うたてもあらめ。〈憎らしくふるまったりなんかしたら、具合も悪いだろうが。〉（源氏物語　宿木）

のように、副助詞類が付かない接続助詞「ば」に下接して条件節をとりたてることがあるし、何より、言い切るところに積極的に関与し特定の活用形をとることが、係助詞の機能が及ぶ範囲の副助詞との差を物語っていよう。係助詞は、明らかに文中に位置するモダリティの助詞なのだと考えられる。

さて、現代語では、「は」はとりたてを行う点で副助詞類に通じながらも、

副助詞との連接に際して常に「副助詞＋は」の順序になり，また，その主題提示用法の場合，他のモノ・コトに関する含みがないとか，言い切り部分に係っていく性質があるために仮定の条件節や連体修飾節に使用できないといった点で，異質なものである。古典語でも，「は」にはこれらの特徴がそろっている。例えば，

(27) 小君が出でて去ぬるほどに、「いとけぢかければ、かたはらいたし。……」とて、渡殿に、中将といひしが局(つぼね)したる隠れに移ろひぬ。〈小君が出ていった後で、「(ここは源氏の御座所に)ずいぶんと近いので恐れ多い。……」と言って、渡殿で中将という女房が部屋にしている、人目につかないところに移ってしまった。〉(源氏物語　帚木)

といった場合，下線を引いた「が」を「は」にすると，やはり「出でて去ぬる」以降の叙述中の動作も「小君」が行っていることになってしまうらしく，こういった節の中に主題の「は」が用いられた例はほとんどない。ちなみに，対比用法ならば連体節中に現れるのも，現代語同様である。

(28) いかがありけむ、人のけぢめ見たてまつりわくべき御仲にもあらぬに、男君はとく起きたまひて、女君はさらに起きたまはぬ朝(あした)あり。〈どういうことがあったのだろうか、人がいつからと(新枕の有無の)区別をお見分け申し上げられるお二人の間柄でもないが、男君は早くにお起きになって、女君はいっこうにお起きにならない朝があった。〉(源氏物語　葵)

こういった点から考えると，「は」はやはり副助詞よりも係助詞とした方がよさそうである。現代語の研究では，「は」は「が」と対照されることが多いが，両助詞の働くレベルの点で，この比較はやや変則的である。古典語の場合，同じグループに「ぞ」「なむ」「こそ」などの助詞があったわけで，むしろこれらとの関係を問題にすべきだろう。

ただ，「は」の係助詞性は，狭義の係り結びの助詞のように結びに特定の活用形をとるといった積極的なものではないし，ほかにも「ぞ」「なむ」「こそ」などに見られないふるまいが，いくつか観察できる。

(29) 女君は、ただこの障子口すぎかひたるほどにぞ臥したるべき。〈女君は、ちょうどふすまの出入り口の斜め向こうのあたりに横になっているようだ。〉(源氏物語　帚木)

〔考えてみよう・5〕

(29)のような「―は―ぞ―」や、「―は―なむ―」「―は―こそ―」といった例を探してみよう。また、「―ぞ―なむ―」や「―ぞ―こそ―」「―なむ―こそ―」といったパターンもあるだろうか。

「は」の係り結びが「ぞ」などと同じ性質の、結びに特定の活用形をとるものならば、(29)のような場合、言い切り部分に終止形と連体形との衝突が生じてしまうから、この種の構文は避けられるはずである。「は」を係助詞グループに入れるにしても、副助詞に対しての処置のように、その中は二類に細分して考えた方がよい。

4．「なむ」のとりたて

一般に「や」「か」が疑問の係助詞とされるのに対して、「ぞ」「なむ」「こそ」は「強調」や「強意」といった言葉で説明されることが多い。間違いではないが、それではそれぞれの機能の違いはわからない。例えば副助詞類も、それぞれが異なるとりたての働きを担っていた。強意でまとめられてしまうこれらの係助詞にも、当然特徴がある。ここでは特に「なむ」について観察してみよう。

古典の物語類の文章は、地の文・会話文などの境界が現代の小説のように明瞭でなく、むしろそれが特徴の一つとも言えるのだが、それでも「と言ふ」「とのたまふ」「と思ふ」「と思す」等の表現を手がかりに、地の文や会話文、登場人物の心中の描写である心話文、さらには和歌、消息等に、おおよそ分けることはできる。これらの文のうち、「なむ」の例は会話文及び消息に集中し、逆に心話文や和歌にはほとんど見られない。

「なむ」は、聞き手を強くめざす、具体的な聞き手の存在を前提として、その聞き手に向かってもちかけていこうとする性質を持った助詞のようである。そのため、具体的な聞き手の存在しない心話文には使えなかったのであろう。和歌に見られない理由も、特定の相手に贈る歌であっても、表現として露骨に聞き手に語りかける、直接もちかけるスタイルは避けられたといったことが考えられる。ちなみに「ぞ」「こそ」には、「なむ」ほどの偏った分

布は認められない。モダリティが，事柄に対する話し手の判断を表すものと，相手（聞き手）に対する話し手の態度を表すものとに分けられ，古典語の係助詞「なむ」は，「ぞ」「こそ」と異なり，聞き手めあて（伝達）の側面も持ったモダリティ形式と解される。

　ところで，言い切り部分と呼応するという係助詞の性質から考えて，言い切り部分をよく観察すれば，特定の活用形との呼応以外にも，特徴が見つかる可能性があるのではないだろうか。そこで，平安時代の文学作品を用いて「なむ」の結び部分に見られる助動詞を整理してみると，

　(30)　この春初瀬に詣でて，怪しくて見出でたる人となむ聞きはべりし。
　　　〈この春初瀬に参詣して，不思議なことで見つけだした人だと聞いております。〉（源氏物語　手習）

　(31)　いかやうにものせさせたまふにかとなむ，おぼつかながりきこえさせつる。〈どんなご様子でいらっしゃるのかと，ご心配申し上げておりました。〉（源氏物語　行幸）

など，いわゆる過去や完了の助動詞をはじめ，種々の助動詞による結びがあるが，推量を表すとされる「む」「らむ」「けむ」の結びはほとんどない。これは，「なむ」には聞き手めあての働きだけでなく，事柄に対する話し手の態度を表す側面も確かにあることを示している。「なむ」のとりたては，話し手が確定的だと判断したモノ・コトにしか向かわないのである。

　以上，「なむ」に絞って見てきたが，「ぞ」「こそ」には，「なむ」のような強い「聞き手指向性」とでも言うべき性質はない。「ぞ」には事柄めあての断定判断を明示してとりたてる機能が，また「こそ」には他のモノ・コトを排する形でそれを最上位・随一のものとしてとりたてる機能が備わっており，それが各係助詞の，微妙にも見える使い分けに反映していたようである。

5．情報伝達と「は」「ぞ」「なむ」「こそ」

　現代語の節で考えた，情報伝達上，旧情報を示すという「は」の働きは，古典語にも当てはまる。

　(32)　女は，ただ心ばせよりこそ，世に用ゐらるるものにはべりけれ。〈女は，ただ心遣い次第で，世間から重んじられるものだったのですね。〉（源氏

物語　少女）

(33)　いよいよ鳴りとどろきて，おはしますに続きたる廊に落ちかかりぬ。炎燃えあがりて廊は焼けぬ。〈（雷は）いよいよ鳴り響いて，（源氏が）いらっしゃる寝殿に続いている廊に落ちた。炎が燃え上がって廊は焼けてしまった。〉（源氏物語　明石）

(32)は聞き手にも了解できると想定される総称名詞を「は」でとりたてた例，(33)は前の文の描写に出てきた「廊」を「は」でとりたてた，文脈指示による旧情報の例である。

「は」に対して，現代語では新情報を表すものとして「が」が取り上げられることが多いが，古典語の場合，これまで見てきたような，いわゆる強意の係助詞がある。これらの情報伝達上の働きは，どのようなものだろうか。

(34)　「ものけたまはる。いづくにおはしますぞ」と，かれたる声のをかしきにて言へば，「ここにぞ臥したる。……」と言ふ。〈「もしもし。どこにいらっしゃいますか。」と，かすれたかわいい声で言うと，「ここに寝ています。……」と言う。〉（源氏物語　帚木）

これは「ぞ」の例である。「いづくにおはしますぞ」という問いに対して，「ここにぞ臥したる」と答えているのだから，この「ぞ」は，不明な箇所「いづくに」を埋める新情報に付加していると言える。「ぞ」は，簡単に言うと，話し手の断定の判断を直接的に示す助詞だと考えられる。「は」の主題提示に対して，むしろその説明・解説部分で，話し手の最終的な断定判断を明示する働きを担うもので，情報伝達の面から見れば，新情報を示すことが予想できる。

なお，「ぞ」には，話し手や書き手といった表現主体自身が，そのとき初めて気付いたモノ・コトをとりたてて示す例もある。

(35)　見渡せば柳桜をこきまぜて都ぞ春の錦なりける（古今和歌集　1・56）

―〔考えてみよう・6〕――――――――――――――――――
　　上の(35)の和歌を，「ぞ」に注意しながら現代語訳してみよう。
――――――――――――――――――――――――――――

これは，「秋の錦」は山の紅葉に決まっているが，それでは「春の錦」は何だろうかという疑問に対する答の発見を詠んだ形の歌である。「都ぞ」は

詠み手自身にとって初めて気付いたことであり，その意味では表現主体にとっての新情報と言えるだろう。「都は」などと訳したのでは情報構造が逆転し，このような詠み手の意識が反映されなくなってしまう。

「なむ」や「こそ」の場合も，新情報の例が少なくない。

(36) 野大弐好古，討手の使に下りたまひて，それが家のありしわたりをたづねて，「檜垣の御と言ひけむ人に，いかで会はむ。いづくにか住むらむ」とのたまへば，「このわたりに<u>なむ</u>住みはべりし」など，供なる人も言ひけり。「あはれ，かかる騒ぎにいかがなりにけむ，訪ねてしかな」とのたまひけるほどに，頭白き女の，水汲める<u>なむ</u>，前よりあやしきやうなる家に入りける。ある人ありて，「これ<u>なむ</u>檜垣の御」と言ひけり。〈野大弐好古が，討手の使いとしてお下りになって，その人（＝檜垣の御）の家のあったあたりを探して，「檜垣の御といったとかいう人に，何とかして会いたい。どこに住んでいるのだろう」とおっしゃると，「このあたりに住んでおりました」などと，供の者も言った。「ああ，こんな騒ぎで，いったいどうなってしまったのだろう，訪ねたいなあ」とおっしゃったときに，白髪頭の，水を汲んでいる女性が，前を通って粗末な様子の家に入った。ある人がいて，「これが檜垣の御」と言った。〉（大和物語　126段）

(36)の第一例などは，「いづくにか」の部分を埋める情報「このわたりに」に「なむ」の付いた，「新情報＋なむ」のわかりやすいものである。第二例と第三例も，文脈から判断して，新情報に付いていると見てよい。

(37) 人柄よろしとても，ただ人は限りあるを，なほしかおぼし立つことならば，かの六条院に<u>こそ</u>，親ざまに譲りきこえさせたまはめ。〈人柄がなかなかよいといっても臣下は臣下，やはりそのようにお考えになるのでしたら，あの六条院に，親代わりとしてお託し申し上げなさるのがよいでしょう。〉（源氏物語　若菜上）

これは，朱雀院が，娘である女三の宮の配偶者の選定に悩んでいる状況での，朱雀院の皇子の助言である。「誰に（託せばよいか）」という問いに対して，答である適任者として，「かの六条院にこそ」と源氏が「こそ」でとりたてられているわけで，この部分が新情報に当たることは明らかである。

ただ，「なむ」や「こそ」が常に情報伝達の上で新情報を示す働きを持つ

のかどうかについては，慎重に検討しなくてはならない。「ぞ」の断定明示のように，係助詞全般に情報伝達上の役割と密接に関わる機能があるとはかぎらない。特に「こそ」には「こそは」という例が珍しくなく，主題提示という面で旧情報と結び付く「は」が下接している以上，その直前の「こそ」が新情報を示すという解釈は成立しにくい。

(38) それこそは，世づかぬことなれ。〈それこそは，世間知らずなことだ。〉
　　　（源氏物語　末摘花）

なお，「こそ」にも「ぞ」同様，表現主体自身がそこで初めて気づいたことを示す例が認められるが，話し手が確かだと認定したモノ・コトをとりたてる「なむ」の場合は，そのとりたての性質ゆえか，このような例は見られないようである。

以上，情報伝達の上での各係助詞の働きについて考えてみた。先に２項の対比の「は」のところで引いた，

(14) らうらうじう，かどめきたる心はなきなめり。いと子めかしう，おほどかならむこそ，らうたくはあるべけれ。（源氏物語　末摘花）

といった対比性の認めにくい「連用修飾成分＋は」の存する構文も，述部内に位置した「は」が，その前後の部分がひとまとまりの旧情報であることを明示し，それに対する重要な新情報を「こそ」などが明示するという，係助詞グループが充実していた時期の，「旧情報＋新情報」ならぬ「新情報＋旧情報」という情報構造を際だたせる強調構文だったのかもしれない。よく，係り結びは連体形終止法の一般化に伴い衰退していったと言われるが，各係助詞自体の機能や情報伝達上の働きも，同時に不要になってしまったとしてよいのだろうか。なお考えるべき問題である。

【問題】

　古典語の係助詞には，疑問を表すとされる「や」と「か」もある。この二つの助詞は，同じ機能を持つと見てよいのだろうか。その「疑問」の意に違いはないのか。また，文中のどの部分をとりたてるのかといった観点からとらえるとどうだろうか。用例を集め，上接語や結び部分の比較なども行いながら，検討してみよ。

参考文献

1．辞典類
井上　和子　編　(1989)　日本文法小事典（大修館書店）
北原保雄ほか編　(1981)　日本文法事典（有精堂）
山口明穂ほか編　(2001)　日本語文法大辞典（明治書院）

2．講座類
北原　保雄　　　(1981)　日本語の世界6　日本語の文法（中央公論社）
北原　保雄　編　(1989)　講座日本語と日本語教育4　日本語の文法・文体（上）
　　　　　　　　　　　　（明治書院）
山口　佳紀　編　(1989)　講座日本語と日本語教育5　日本語の文法・文体（下）
　　　　　　　　　　　　（明治書院）
鈴木一彦ほか編　(1972-1973)　品詞別日本文法講座（明治書院）
鈴木一彦ほか編　(1984-1985)　研究資料日本文法（明治書院）
森岡健二ほか編　(1982)　講座日本語学2　文法史（明治書院）
　　　　　　　　(1983)　講座日本語学3　現代文法との史的対照（明治書院）
山口　明穂　編　(1987-1988)　国文法講座（明治書院）
　－　　　　　　(1976)　岩波講座日本語6　文法Ⅰ（岩波書店）
　－　　　　　　(1977)　岩波講座日本語7　文法Ⅱ（岩波書店）

3．単行本
青木　伶子　　(1992)　現代語助詞「は」の構文論的研究（笠間書院）
石垣　謙二　　(1955)　助詞の歴史的研究（岩波書店）
井上　和子　　(1976)　変形文法と日本語（上）（下）（大修館書店）
大久保忠利　　(1968)　日本文法陳述論（明治書院）
大槻　文彦　　(1987)　廣日本文典・同別記（大槻家蔵版）（1974　勉誠社複刻）
大野　晋　　　(1978)　日本語の文法を考える（岩波新書）
　　　　　　　(1987)　文法と語彙（岩波書店）
　　　　　　　(1993)　係り結びの研究（岩波書店）
奥田　靖雄　　(1985)　ことばの研究　序説（むぎ書房）
奥津　敬一郎　(1974)　生成日本文法論（大修館書店）
　　　　　　　(1978)　「ボクハウナギダ」の文法――ダとノ――（くろしお出版）
奥津敬一郎ほか(1986)　いわゆる日本語助詞の研究（凡人社）

影山　太郎　　　（1993）文法と語形成（ひつじ書房）
加藤　浩司　　　（1998）キ・ケリの研究（和泉書院）
川端　善明　　　（1979）活用の研究Ⅱ（大修館書店）
北原　保雄　　　（1982）日本語助動詞の研究（大修館書店）
　　　　　　　　（1984）文法的に考える――日本語の表現と文法――（大修館書店）
　　　　　　　　（1984）日本語文法の焦点（教育出版）
金田一春彦　編　（1976）日本語動詞のアスペクト（むぎ書房）
工藤　真由美　　（1995）アスペクト・テンス体系とテクスト――現代日本語の時間
　　　　　　　　　　　と表現――（ひつじ書房）
久野　暲　　　　（1973）日本文法研究（大修館書店）
　　　　　　　　（1978）談話の文法（大修館書店）
　　　　　　　　（1983）新日本文法研究（大修館書店）
兒玉　德美　　　（1991）言語のしくみ（大修館書店）
此島　正年　　　（1966）国語助詞の研究――助詞史素描――（桜楓社）
　　　　　　　　（1973）国語助動詞の研究――体系と歴史――（桜楓社）
小松　英雄　　　（1999）日本語はなぜ変化するか（笠間書院）
佐伯　哲夫　　　（1975）現代日本語の語順（笠間書院）
　　　　　　　　（1976）語順と文法（関西大学出版部）
阪倉　篤義　　　（1974）改稿　日本文法の話　第3版（1989　教育出版）
　　　　　　　　（1993）日本語表現の流れ（岩波セミナーブックス）
佐久間　鼎　　　（1936）現代日本語の表現と語法（厚生閣）（1983　くろしお出版
　　　　　　　　　　　複刻）
　　　　　　　　（1941）現代日本語法の研究（厚生閣）（1983　くろしお出版複刻）
佐治　圭三　　　（1991）日本語の文法の研究（ひつじ書房）
柴谷　方良　　　（1978）日本語の分析――生成文法の方法――（大修館書店）
島田　昌彦　　　（1988）国語における文の構造（風間書房）
鈴木　一彦　　　（1976）日本文法本質論（明治書院）
鈴木　重幸　　　（1972）日本語文法・形態論（むぎ書房）
　　　　　　　　（1972）文法と文法指導（むぎ書房）
鈴木　泰　　　　（1992）古代日本語動詞のテンス・アスペクト――源氏物語の分析
　　　　　　　　　　　――（ひつじ書房）
高橋　太郎　　　（1985）現代日本語動詞のアスペクトとテンス（国立国語研究所報
　　　　　　　　　　　告82）（秀英出版）
田窪　行則　編　（1994）日本語の名詞修飾表現（くろしお出版）
竹内　美智子　　（1986）平安時代和文の研究（明治書院）
築島　裕　　　　（1969）平安時代語新論（東京大学出版会）

寺村　秀夫	（1982-1991）	日本語のシンタックスと意味Ⅰ・Ⅱ・Ⅲ（くろしお出版）
時枝　誠記	（1941）	國語學原論（岩波書店）
	（1950）	日本文法　口語篇（岩波全書）
	（1954）	日本文法　文語篇（岩波全書）
仁田　義雄	（1980）	語彙論的統語論（明治書院）
	（1991）	日本語のモダリティと人称（ひつじ書房）
仁田　義雄　編	（1993）	日本語の格をめぐって（くろしお出版）
野田　尚史	（1996）	「は」と「が」（新日本語文法選書１）（くろしお出版）
芳賀　綏	（1978）	現代日本語の文法――日本文法教室　新訂版――（教育出版）
橋本　進吉	（1934）	國語法要説（國語科學講座　明治書院）（1948　橋本進吉博士著作集第二冊所収）（岩波書店）
	（1938）	改制　新文典別記　口語篇（冨山房）
	（1939）	改制　新文典別記　文語篇（冨山房）
	（1959）	國文法體系論（橋本進吉博士著作集第七冊）（岩波書店）
	（1969）	助詞・助動詞の研究（橋本進吉博士著作集第八冊）（岩波書店）
フィルモア，C.J.	（1968）	格文法の原理――言語の意味と構造――（田中春美ほか訳）（1975　三省堂）
細江　逸記	（1932）	動詞時制の研究（泰文社）
益岡　隆志	（1987）	命題の文法――日本語文法序説――（くろしお出版）
	（1991）	モダリティの文法（くろしお出版）
益岡　隆志ほか	（1989）	基礎日本語文法　改訂版（1992　くろしお出版）
益岡　隆志ほか編	（1995）	日本語の主題と取り立て（くろしお出版）
松下　大三郎	（1928）	改撰標準日本文法（紀元社）（1974　勉誠社複刻）
	（1930）	標準日本口語法（中文館書店）（1977　勉誠社複刻）
松村　明	（1957）	増補　江戸語東京語の研究（1998　東京堂出版）
三上　章	（1953）	現代語法序説――シンタクスの試み――（刀江書院）（1972　くろしお出版複刻）
	（1960）	象は鼻が長い――日本文法入門――（くろしお出版）
	（1972）	続・現代語法序説（くろしお出版）
南　不二男	（1974）	現代日本語の構造（大修館書店）
	（1993）	現代日本語文法の輪郭（大修館書店）
三原　健一	（1992）	時制解釈と統語現象（くろしお出版）
宮地　裕	（1971）	新版　文論（1979　明治書院）

宮島　達夫	（1972）	動詞の意味・用法の記述的研究（国立国語研究所報告43）（秀英出版）
宮島達夫ほか編	（1995）	日本語類義表現の文法（上）（下）（くろしお出版）
村木　新次郎	（1991）	日本語動詞の諸相（ひつじ書房）
村田　美穂子	（1997）	助辞「は」のすべて（至文堂）
森重　敏	（1959）	日本文法通論（風間書房）
森山　卓郎	（1988）	日本語動詞述語文の研究（明治書院）
文部省　編	（1947）	中等文法　口語（中等學校教科書株式会社）
	（1947）	中等文法　文語（中等學校教科書株式会社）
山口　明穂	（1989）	国語の論理（東京大学出版会）
山口　佳紀	（1985）	古代日本語文法の成立の研究（有精堂）
山田　孝雄	（1908）	日本文法論（寶文館）
	（1913）	奈良朝文法史（寶文館）
	（1913）	平安朝文法史（寶文館）
	（1922）	日本口語法講義（寶文館）
	（1936）	日本文法學概論（寶文館）
山中　桂一	（1998）	日本語のかたち（東京大学出版会）
ロドリゲス, J.	（1604–1608）	日本大文典（土井忠生訳）（1955　三省堂）
渡辺　実	（1971）	国語構文論（塙書房）
	（1974）	国語文法論（笠間書院）
渡辺　実　編	（1983）	副用語の研究（明治書院）

4．雑誌論文類

金水　敏	（1991）	受動文の歴史についての一考察（『國語学』164集）
釘貫　亨	（1991）	助動詞『る・らる』『す・さす』成立の歴史的条件について（『國語学』164集）
工藤　浩	（1982）	叙法副詞の意味と機能——その記述方法をもとめて——（国立国語研究所報告71『研究報告集（3）』秀英出版）
高山　善行	（1992）	中古語モダリティの階層構造——助動詞の意味組織をめざして——（『語文』58）
野村　剛史	（1993）	上代語のノとガについて（上）（下）（『國語國文』62-2,3）
	（1994）	上代語のリ・タリについて（『國語國文』63-1）
山口　堯二	（1991）	推量体系の史的変容（『國語學』168集）

索 引

あ

相手　46, 49, 50
あげもらいの表現　127
アスペクト　33, 34, 36, 38, 143, 149, 163
アスペクト形式　150
アスペクトの副詞　150

い

言い切り　60, 62, 114, 115, 193
イ音便　106
イ形容詞　27
已然形　109
已然形＋ば　109
一段活用　103
一段活用化　116
一段動詞の「可能」　129
意味的関係　45, 82
意味役割　45-50, 52, 54, 56, 86
依頼表現　171
入子型構造　19, 21-26, 34, 35
イントネーション　163
引用符　90, 91

う

ヴォイス　33, 34, 36, 38, 55, 121, 163, 176
受身　31, 32, 121-124, 132
受身の助動詞　132
「動き」や「行為」を表す動詞　144
ウチ扱い　62
内の関係　85, 88, 89, 97
内の関係の連体修飾節　85-88, 99

お

大槻文彦　11
大槻文法　11
オノマトペ　72
恩恵の授受　128
音便形　106

か

解釈文法　12
階層構造　34-38, 42, 43, 71
が格　46, 49, 50, 52
係(かかり)助詞　26, 38, 54, 163, 187, 192-194, 202-210
係り結び　18
係り結び構文　60, 110
係り結びの結び　115
カ行変格活用　101-103, 108, 112-114
格　25, 35, 45, 54, 56, 57, 67, 87
格関係　45, 52, 54, 55
格形式　50, 51, 54, 55
格支配　34, 50, 51, 84
格助詞　45-54, 56-59, 63-65, 85-87, 163, 186, 187, 189, 198, 199
格助詞の上に付く副助詞＋格助詞の下に付く副助詞　203
格成分　36, 83, 84, 87
格表示　52, 56, 65
格文法　46
過去の助動詞　151
過去や完了の助動詞　176
学校文法　12
活用　17, 101, 118
活用形　101-120, 162, 170
活用語　101
活用語尾　102, 103, 105-108
活用の種類　107, 108, 110, 114
仮定形　109
可能　129-132, 142
可能態　122, 126, 127, 132, 139-141
可能動詞　127, 130, 131, 140
可能表現　139
可能文　122
上一段活用　101-103,

108, 111, 113, 114	形式名詞 22, 92	時間 46, 143
上二段活用	係助詞→係(かかり)助詞	シク活用 117-119
108, 111, 113, 116	継続動詞 146, 147	思考動詞 165-167
から格 48, 50, 51, 53	軽卑感 63	実質的な意味 13
カリ活用 118	形容詞述語文 27, 28, 36	実用文法 12
環境可能 126	形容詞の語幹 80	自動詞 153
感情形容詞 164-167	形容詞の連用形 68	自動詞の使役 125, 132
感情動詞 165-167	形容動詞 27, 28	自動詞の受動態 124
間接受動 124, 134	形容動詞の連用形 68	自発 132, 133, 141, 142
間接情報 172, 173	原因 72	自発態 122, 141
感動詞 17, 36-40, 163	言語の単位 13	下一段活用
完了の助動詞	こ	101-103, 108, 111, 114
151, 154, 160	語 13	下二段活用
き	口語助動詞承接表 30, 32	108, 111, 112, 114, 116
擬音語 72	肯定否定 163	終止形終止 59-62
疑似モダリティ	呼応	終止形終止文 62
171, 177, 178	17-19, 70, 71, 76, 78	修飾 66, 80
記述文法 12	語幹	終助詞 29-31,
擬態語 72	102, 103, 107, 108, 118	33, 34, 37, 38, 162, 170
北原保雄 34	語順 34, 45	終助詞相互の承接順 33
既知 195, 197, 198	五段活用	従属節 40, 41,
規範文法 12	101-106, 110, 113-114	62, 71, 72, 78, 79, 83
旧情報	事柄を表す名詞 91	重文 41
195-198, 207, 208, 210	さ	主格
教科書文法 12	サ行変格活用	35, 46, 84, 186, 199
強制的な使役 125	101-103, 108, 112-114	主格に立つ名詞＋が＋述
許可・許容の使役	し	語終止形 62
125, 138	詞 20-22	主格表示 59, 60
く	辞 20-22, 163	主格表示用法 61, 62
句 13	使役 31, 32, 35	主格＋の／が 61
ク活用 117-119	使役受動態 126	主格用法 59
鎖の環と環 38	使役態	受給表現 127
軍記物語に見られる使役	121, 124-126, 137-139	主語 14, 19, 27, 32, 83
態 138	使役の助動詞 55, 132	主語述語の関係 14
け	使役＋授受 126	主語＋述語
敬語動詞 105	使役文 121, 125	23, 41, 83, 84

索 引 217

授受表現
　　　　52, 122, 127, 128
主節　　　　41, 42, 83
主体　　45, 46, 49, 50, 52
主題　　　186-194, 198
主題提示　　　　189,
　　192, 193, 200-202, 210
主題の「は」　　38, 163
手段　　　　　　46
述語　　　　14, 19,
　　23-25, 29, 41, 45-50, 84
述語句
　　24, 29, 31, 32, 36, 38, 45
述語句構造図　　36
述語句の核　　　38
述語句の構造　　32
述語の格支配　50, 51, 84
述語の用言　　　68
述語文　　　　27, 39
述語文節　　　　17
述語文の種類　　26
受動態
　　121-124, 126, 133, 134
受動文
　　　　121-123, 133, 134
瞬間動詞　　　146, 147
順接の条件表現　61
準体助詞　　22, 92, 97
準体節　　60, 61, 97-99
準体用法　　　　63
状況可能　　　　126
条件　　　　　　72
「状態」を表す動詞　144
情報伝達　194, 198, 210
省略　　　　　　64
叙述内容

36-38, 40, 161, 162
叙述副詞→陳述副詞
助動詞　　17, 29-34,
　　36-38, 54, 162, 170, 171
助動詞相互承接表
　　　　　　30, 32, 36
助動詞相当語（句）
　　　　31, 32, 162, 170
助動詞の呼応　　19
所有（物）の受身　124
新情報　195-199, 208-210
新情報＋が＋旧情報
　　　　　　　197, 198
新情報＋が＋新情報　197
真正モダリティ
　　　171, 176, 178, 181
す
推定　　　170-174, 176
推量　　　170, 171, 176
数量詞　　　　68, 92
せ
制限的用法　　　88
生成文法　　　　12
節　　40-43, 83, 84, 95
接続語　　　16, 19, 40
接続詞　　　　　40
接続の関係　　　16
接続の順序　　　31
節の階層構造　　42
接尾辞
　　　31-33, 38, 54, 163
零記号の辞→零記号（れ
　　いきごう）の辞
そ
相互承接表　　　30
相対関係　　　　90

相対節　　　　90, 91
相対名詞　　　　81
促音便　　　　　106
属性形容詞　　　164
ソト扱い　　　　62
外の関係　85, 88, 89, 97
外の関係の連体修飾節
　　　　　　　88-91, 99
存在の主体　　49, 64
存在の場所　　47, 49
尊卑　　　　　　62
た
態　　　　　　55, 121
対格　　　　　　46
対照　　　　　　189
対象　　　　　46, 49
対等語　　　　　19
対等の関係　　14, 16
対比
　　189-191, 194, 201, 202
夕形　　　　　144,
　　145, 149, 166, 167, 170
他動詞　　124, 139, 153
他動詞の使役　　125
タリ活用　　　　120
断定の助動詞　　120
単文　　　　　34, 39
談話　　　　　　13
ち
超格　　　　　　35
直接受動　　　　124
直接情報　　　172, 173
チョムスキー　　12
陳述副詞
　　　　18, 26, 36-38, 163

て		独立語文	39, 40		85, 89, 90, 92, 94, 99
程度副詞	69, 81	独立節	41	非情の受身	124, 134
丁寧	33, 34	独立の関係	14	非制限的用法	88
丁寧さ	63	とりたて	163, 190-192,	必須の成分	24
テイル形	144-150		202-204, 206-210	非文	74
で格	46-50, 52	**な**		表現主体の心的態度	
テ形	68, 105, 106, 170	内容節	89-91		161-164, 166, 167, 171
テンス	33, 34, 36, 38, 43,	ナ行変格活用		表現主体の判断・態度	
	143, 145, 151, 158, 163		108, 112-114, 116, 117		161, 162, 173, 176, 178,
テンスの助動詞	158	ナ形容詞	27		179
テンスの副詞	150	ナリ活用	120	被連体修飾語	80, 84
テンスを表す助動詞	157	**に**		被連用修飾語	67
伝達のモダリティ	33,	に格	46-51, 125	**ふ**	
	37, 40, 162, 170, 171, 174	二段活用の一段化	116	副詞	38, 54,
と		「によって」の受動文			68, 75, 76, 78, 80, 81
動作主体	32, 54, 59, 64		136, 137	副詞節	41-43, 83
動作対象	45, 57	人称制限	165-167	副詞＋助詞	75
動作動詞	45, 167	**の**		副詞＋に／と	73
動作の相手	45, 46	能動態	121, 122, 126	副助詞	
動作の結果	74, 82	能動文	121, 123		26, 163, 191, 202-206
動作の主体		能力可能	126	副助詞と係助詞との承接	
	46, 49, 50, 63	**は**			204
動作の対象	46, 63, 64	橋本進吉	11, 30, 32, 34	副助詞＋係助詞	204
動作の場所	46, 47, 49	橋本文法	12	副助詞＋副助詞	
動作を向ける対象		場所	46, 47, 49		203, 204
	46, 49	場所格	46	複文	40-42, 83
動詞述語文	27, 36, 37	働きかけの使役	125	付帯状況	72
動詞の活用の種類	101	撥音便	106	部分否定	78
動詞の連用形		反実仮想	19	文	13, 38
	68, 101, 104, 105	判断のモダリティ	33,	文型	51, 52
同心円構造	71, 162, 163		37, 162, 170, 171, 174,	文修飾の副詞	163
と格	48, 49		175, 183	文章	13
時枝文法	12	判定詞	27	文節	13-17, 19
時枝誠記	11, 21, 34, 163	**ひ**		文節相互の関係	
時の副詞	36	被害の受身	124		14, 21, 23
独立語	14, 19, 39, 40	被修飾語	67, 84,	文節論	13-15, 22

文素	13	
文典	11	
文頭の要素	38	
文の構成要素	13, 19	
文の構造	14, 21, 23, 25, 26, 34, 36, 37	
文の種類	39	
文の成分	19, 23	
文法	11, 12	
文法研究の単位	13	
文法的意味	13, 36	
文法的カテゴリー	143, 161, 167	
文法論	11	
文末のモダリティ表現	169	
文末の要素	38	
文脈	13	
文らしさ	43	

へ

並立語	14, 19
並列	22
並列節	41, 83
並列の関係	14, 16
変格活用	103, 108
変形生成文法	12
変形文法	12

ほ

放任	138
補助活用	118, 177, 184
補助語	14, 19
補助動詞	31, 127, 128
補助被補助の関係	15, 31

ま

マス形	104, 105

松下大三郎	11
松下文法	11

み

未然形	103, 109
未知	195, 197, 198

む

無意志の動詞	125
ムード（法）	163
六つの活用形	108
無標	23, 33

め

名詞	27, 28, 39
名詞述語文	27, 28, 36
名詞節	42, 83, 92, 94, 97-99
名詞（相当語句）	39
名詞に準ずる節	115
名詞＋格助詞	25, 34, 37, 38, 46, 50, 51, 54, 67, 68, 83, 204
名詞＋だ	28, 68
名詞＋の／が＋活用語連体形＋名詞	61
名詞＋の／が＋名詞	61
名詞＋副助詞	203
命題	36, 161, 162
迷惑の受身	124
迷惑・被害の意味	126

も

目的格	35
モダリティ	33-38, 55, 70, 87, 90, 158, 161-164, 166-168, 170, 171, 174, 175, 207
モダリティ形式	55, 69, 70, 171, 174, 175, 179, 183, 184
モダリティの三条件	166, 167
モダリティ要素	26, 43, 87, 90, 166

や

山田文法	11
山田孝雄	11
やりもらいの表現	127

よ

様態副詞	73, 81
四段活用	108, 110, 111-117
四段活用化	117

ら

ラ行変格活用	108, 112-114
ら抜き言葉	129-131

り

理由	72

る

ル形	143, 144, 149, 165, 167, 170

れ

零記号の辞	22, 26
連体形終止の構文	60
連体形終止文	61, 62
連体形終止法	116, 117
連体修飾	21, 66, 67, 69, 73, 74, 80-82, 92-94
連体修飾語	14, 39, 80, 81, 83, 95
連体修飾節	41, 60, 61, 83-90, 92, 93, 95-97
連体修飾の用法	115
連体修飾被修飾の関係	

	14, 16		68, 77, 78, 104, 105	連用修飾被修飾の関係	
連体修飾を示す格助詞		（狭義の）連用修飾	25		14, 16
	94	（広義の）連用修飾	25	連用修飾をする語	68
連体助詞	61	連用修飾		連用中止	105
連体止め	61, 115	23, 54, 66-76, 78, 81, 82		を	
連体用法	61, 62	連用修飾機能	54	を格	
連文節	15, 16	連用修飾語	14, 16,	46, 47, 49, 50, 53, 125	
連文節論	15	19, 24, 34, 37, 38, 67, 69,			
連用形		70, 73			

編者略歴

岩淵　匡（いわぶち　ただす）

1937年，東京都に生まれる。1965年，早稲田大学大学院文学研究科博士課程単位取得退学。1964年4月早稲田大学助手に就任。その後，講師，助教授，教授として勤務し2007年3月定年により同大学を退職。この間，同大学大学院教育学研究科，教育学部等において教鞭をとる。元全国大学国語国文学会理事。

〔主な編著書〕『日本語反省帳』（河出書房新社）［著書］，『醒酔笑　静嘉堂文庫蔵　本文編』（笠間書院），『醒酔笑　静嘉堂文庫蔵　索引編』（笠間書院），『元和卯月本　謡曲百番（全）』（笠間書院），『日本文法用語辞典』（三省堂），『新版　日本語学辞典』（おうふう）［以上，共編著］など。

執筆者（五十音順）

岩淵　匡（いわぶち　ただす）　元早稲田大学教授
蒲谷　宏（かばや　ひろし）　早稲田大学教授（大学院日本語教育研究科）
松木　正恵（まつき　まさえ）　早稲田大学教授（大学院教育学研究科・教育学部）
森野　崇（もりの　たかき）　二松学舎大学教授（文学部）
守屋三千代（もりや　みちよ）　創価大学名誉教授（文学部）

日本語文法

2000年3月21日　初版第1刷
2025年3月30日　　　第15刷

編著者　岩淵　匡
発行者　佐藤　和幸
発行所　株式会社　白帝社

〒171-0014
東京都豊島区池袋2-65-1
電　話　03-3986-3271
FAX　03-3986-3272
https://www.hakuteisha.co.jp

ⓒ2000 Tadasu Iwabuchi　　印刷所：大倉印刷株式会社
ISBN978-4-89174-376-5 C0081
Printed in Japan